黄负生/著
李良明/主编

湖北英烈文存

黄负生卷

華中師範大學出版社

新出图证(鄂)字10号

图书在版编目(CIP)数据

湖北英烈文存·黄负生卷/黄负生著；李良明主编. —武汉：华中师范大学出版社，2023.9

ISBN 978-7-5769-0223-5

Ⅰ.①湖… Ⅱ.①黄… ②李… Ⅲ.①黄负生-文集 Ⅳ.①C53

中国版本图书馆CIP数据核字(2023)第163455号

湖北英烈文存·黄负生卷

ⓒ 黄负生 著 李良明 主编

责任编辑：张建英 **责任校对**：缪 玲 **封面设计**：胡 灿

编 辑 室：学术出版分社 **电 话**：027-67863280

出版发行：华中师范大学出版社

社址：湖北省武汉市珞喻路152号

网址：http://press.ccnu.edu.cn

电子信箱：press@mail.ccnu.edu.cn

印刷：湖北恒泰印务有限公司 **督印**：刘 敏

字数：174千字

开本：710mm×1000mm 1/16 **印张**：10

版次：2024年8月第1版 **印次**：2024年8月第1次印刷

定价：48.00元

欢迎上网查询、购书

“中国共产党早期领导人遗著的收集、整理与研究”(11&ZD079)课题组名单

（排名不分先后）

顾　　　问	马　敏　恽铭庆
首席专家	李良明
子课题负责人	曾成贵　田子渝　刘志青　孙泽学　李天华　张明金　付义朝
主要成员	李良明　曾成贵　田子渝　钟德涛　蔡　丽　徐方平　李天华　申富强　刘志青　张明金　储　峰　付义朝　孙泽学　黄明彦　丁言谟　李敏昌　李腊生　宋姝月　黄家猛　刘源泉　黄　飞

编辑说明

黄负生(1891—1922)名凤清，字负生，祖籍安徽休宁县，其先世宦游武汉，寄住武昌，遂以为家。他与恽代英，是湖北新文化运动的“双子星”。1920 年 8 月，中共湖北早期党组织成立不久，经陈潭秋介绍，黄负生加入中国共产党，1921 年 7 月，加入恽代英创办的共产主义性质的革命团体共存社，同年秋，当选为中共武汉地方委员会宣传委员兼《武汉星期评论》杂志的主编，热情宣传马克思主义和新文化。毛泽东评价说：“湖南有个蔡和森，湖北有个黄负生。”1922 年 4 月，因积劳成疾，黄负生病逝于武昌花园山仁济医院。

本文集是笔者主持的 2011 年度国家社科基金重大招标项目“中国共产党早期领导人遗著的收集、整理与研究”的阶段性成果，收集了黄负生 1916—1922 年的诗文、时评、遗嘱等 32 篇，按创作或出版时间顺序编辑。本卷吸收了黄负生女儿黄铁编的《黄负生纪念文集》(武汉出版社 2003 年版)，并对照原著，进行了认真校勘。对此，笔者在后记中作了具体说明。

此外，本卷附录了五篇文章和黄负生年表简编，旨在使读者能更全面地了解黄负生短促的革命一生及其革命精神。

由于黄负生过早离开了我们，他连一张照片都没有留下，现在唯一的一张画像，为后人根据回忆所作。黄负生在《遗嘱》中说：“我有一本小说及诗稿，是从报纸上剪下来的……请子通去留修改，赠给宏济(即儿子黄钢)，使他长大看看，也可作为纪念。”惜刘子通因遭军阀通缉和积劳成疾，于 1924 年 3 月病逝，所以这本小说及诗稿，也无从觅得。因此黄负生的遗著，遗漏是难免的；但笔者尽力而为了。

为尊重黄负生先烈和历史文献原貌，笔者均按原稿录入。特此说明。

编者

二〇二三年八月

目　　录

附录

游陆城舟中作*

（一九一六年一月七日）

青衫落落又西征，
如此行踪削梗轻。
但使龙泉①孤剑在，
客囊吾尚不嫌贫。

（原载《光华学报》第1年第2期 署名：负生）

---

* 陆城，地名，位于今湖北省宜都市内，当时是宜都的经济文化中心。

① 龙泉，宝剑名，也泛指剑。北魏郦道元《水经注》卷三十一《沅水》引《晋太康地理志记》："（西平）县有龙泉水，可以砥砺刀剑，特坚利，故有坚白之论矣。是以龙泉之剑，为楚宝也。"《太平御览》卷三四三引《世说》："王子乔墓在京陵，战国时人有盗发之者，睹无所见。唯有一剑，停在室中，欲进取之，剑作龙鸣虎吼，遂不敢近，俄而径飞上天。"后人因此常以宝剑比喻有雄心壮志，将要做一番大事业。

入 荆 河*

（一九一六年一月七日）

山月江涛夜戒寒，
荆河千里一凭栏。
英雄事业东流尽①，
如此河山不可看。

（原载《光华学报》第 1 年第 2 期　署名：负生）

* 长江自宜都至城陵矶段称为荆河，也称作荆江。

① 英雄事业东流尽，即英雄豪杰们的事迹都像那东流的长江水一样消逝。明杨慎《临江仙》：“滚滚长江东逝水，浪花淘尽英雄。”作者引用该典故，意在明志，决心拯救神州，救我中华。

夜雨寄陆城作*

（一九一六年三月七日）

萧萧寒雨夜宵虚，
梦里关山①千里余。
久客已违慈母意，
长贫先断故人书；
黄花瘦损②秋垂尽，
青镜惊看貌暂殊。
弹铗③至今归未得，
西风空忆武昌鱼④。

（原载《光华学报》第 1 年第 3 期　署名：负生）

---

* 该诗表达了对母亲的思念和久别怀乡之情，语言清丽，情思悠长。

① 关山：关隘山岭。《乐府诗集·木兰诗》："关山度若飞。"

② 黄花瘦损：黄花，指菊花。秋深，菊花萎谢，故曰瘦损。宋李清照《醉花阴·重阳》词："帘卷西风，人比黄花瘦。"

③ 弹铗（jiá）：铗，剑把。弹击剑把，示意对人有所希求。《战国策·齐策四》：战国齐孟尝君食客冯谖弹铗而歌："长铗归来乎！食无鱼。"

④ 武昌鱼：古武昌（今湖北省鄂州市）所产鳊鱼以鲜美著称，通称武昌鱼。三国吴末主孙皓，自建业（今南京市）迁都武昌，百姓溯流供给，以为苦患。左丞相陆凯上疏引童谣云："宁饮建业水，不食武昌鱼。"

寄陆凌秋记室京洛道中*

（一九一六年三月七日）

短衣匹马出皇州①，
一夕严霜鬓已秋。
赴洛陆机应及难②，
从军王粲莫登楼③。
汉家关塞连烽火④，
楚国衣冠半沐猴⑤。
逐鹿纷纷知未已⑥，
中原从此不胜愁！

（原载《光华学报》第2年第3期　署名：负生）

---

* 该诗无情地谴责了“逐鹿纷纷”的军阀战争，表达了人民渴望和平与安定的心声。陆凌秋：作者友人，生平不详。记室：掌管文书的官员。

① 皇州：旧时称帝都为皇州。此处指当时京城北京。

② “赴洛”句：两晋文学家陆机（261—303），字士衡，吴郡吴县华亭（今上海市松江）人，太康末年与弟陆云同入洛阳，以文才名重一时，时称“二陆”。后事成都王司马颖，官平原内史，及司马颖讨长沙王司马乂（yì），任后将军，河北大都督。兵败遭谗，为司马颖所杀。

③ “从军”句：汉末文学家王粲（177—217），字仲宣，山阳高平（今山东邹城）人。博学多识，文思敏捷，为建安七子中最杰出的诗人。建安初年，曾因避乱依荆州刘表15年，登当阳城楼，作《登楼赋》抒发其苦闷和怀念故乡的心情。后归曹操，任右丞相，累官至侍中。建安二十二年（217年）从军征吴途中，病卒。

④ “汉家”句：汉家借指中国。此句意谓中国北方战火征战连年不断。

⑤ 沐猴：猕猴。成语中有“沐猴而冠”，谓猕猴戴帽，徒具人形，比喻人之虚有仪表，实无人性。

⑥ “逐鹿”句：谓国家分裂之时，群雄争夺天下。语出西汉司马迁《史记·淮阴侯列传》：“秦失其鹿，天下共逐之。”

朝野新谭

（一九一六年八月三十一日）

在野者曰：以革命伟人忽而作帝孽首领，以专制忠臣忽而居共和高位，虽则人人虎变，终不免冯妇下堂之讥。在朝者曰：共和而不利于国民也，吾遂厉行专制，自居帝孽而不辞。专制复不利于国民也，吾遂号召革命，复得居共和之高位。尝试政体，是谓之经验也，至于成败，天也。记者曰：善哉！在朝者之言乎，故相魏武者之言曰：乱世之奸雄，治世之能臣也。

（原载汉口《民报》　署名：负生）

超　　度

（一九一六年十一月十六日）

黄巢、张献忠皆快人也，其嗜杀人如饮醇酒，想当刀光闪烁、颈血纷飞之际，必有一种不可思议之乐趣。或曰：杀人如何可乐？曰：人处此万恶世界中，日日作种种罪恶，有罪恶者皆可杀。于是天生黄巢、张献忠辈，一一以宝刀超度之，此其所以可杀也。

（原载汉口《民报》　署名：黄负生）

挽克强松坡*

（一九一六年十一月二十日）

茫茫不尽虫沙劫
渺渺徒留猿鹤悲

（原载汉口《民报》　署名：黄负生）

* 1916年11月20日，汉口《民报》刊发该报同人《挽克强松坡联词》，共五首。时黄负生与詹大悲、刘苍水、张天视等为《民报》的编辑。这是黄负生写的挽联词。其他四首分别署名为民报社、詹大悲、刘苍水、张天视。克强即黄兴（1874—1916），中国近代民主革命家，湖南善化（今长沙）人，原名轸，字克强，1904年与陈天华、宋教仁在长沙创建华兴会，策划反清起义，失败后逃亡日本，1905年与孙中山在东京组织中国同盟会，任执行部庶务。1911年10月10日武昌起义，黄从香港赶往武昌，被推为革命军总司令。12月2日革命军占领南京，4日被推为大元帅。孙中山就任中华民国临时大总统后任陆军总长。1913年7月任讨袁（世凯）军总司令，失败后流亡日本。1916年袁死后回到上海，10月31日病逝。松坡即蔡锷（1882—1916），中国近代民主革命家，原名艮寅，字松坡，湖南邵阳人。1911年在云南，任新军第十九镇三十七协协统。“二次革命”时，暗中响应，失败后被袁世凯调至北京，委以陆军部编译处副总裁，全国经界局督办，实受监视。1915年袁世凯称帝，蔡以赴津诊病为名，化装逃出北京，绕道返云南。1915年12月25日，与唐继尧等通电宣告云南独立，声讨袁世凯。次日成立护国军，任第一军总司令，率兵入川。1916年7月任四川都军。11月8日病逝于日本。

大　乱

（一九一六年十二月二日）

天道往复无常，大乱之极，便得大治。非大乱能治天下，因大乱之余，人心厌乱，遂不治而治矣。

惟乱乃能杀人，惟大乱乃能多杀人，多杀人便是救济中国之良药。试观此芸芸众生，有良心有真道德者，有几人织而衣，耕而食，不以欺诈自活者！又有几人无良心无道德，不织而衣，不耕而食者！皆是大盗，皆可杀也。

（原载汉口《民报》　署名：黄负生）

孔　　丘

（一九一六年十二月三日）

孔丘之学，吸取天下人之脑血，造成无上君权之思想，此无上君权思想之结果，遂使天下人尽趋于荣利二字。故孔丘不特主张君权家，且为醉心功利家也。

孔丘之言曰："不仕无义"，"学而优则仕"，"吾从大夫之后"，"扬名显亲"，种种议论，皆明明令人趋于功利，以官为无上尊荣也。人人皆以官为无上尊荣，此安得不酿成专制政体乎！

余尝谓友人云："幸吾国尚有几人不是圣贤弟子，否则耕田学圃者皆无其人，所谓君子所谓士大夫，都将饿死，此亦为孔丘所赐也。"

（原载汉口《民报》　署名：黄负生）

送林一足之燕京

（一九一七年一月七日）

林一足名修，粤人。辛亥率清军攻武昌，因自丧一足，辗转入于民军。余识之今七年矣。癸丑（1913 年）偕入匡庐[①]，有终焉志。赣宁事变[②]，不宁于居，自此遂别。丙辰（1916 年）季冬，复自粤来，风雪满江，萧然过我，云将入京求用，一足完士也。残纯朴而为圭璋，毁白玉而为牺樽[③]，良可慨矣。今于其别，为诗送之。诗多依黯[④]言，近于狂，惟质之知我者。

（一）

幸得余生在，
欣逢君到门。
寂聊犹故我，

---

① 匡庐：今江西省庐山，古称匡庐。

② 赣宁事变：又称“讨袁之役”、“癸丑之役”、“二次革命”。1913 年 3 月 20 日，袁世凯派人在上海暗杀了国民党代理理事长宋教仁，准备消灭南京革命力量。孙中山从日本归国，力主讨袁。6 月，袁世凯派兵南下，进驻江西。7 月，国民党李烈钧、黄兴等人先后在江西湖口、江苏南京组织讨袁军，宣告独立；继起宣告响应者有广东陈炯明、上海陈其美、福建许崇智、湖南蒋翊武、重庆熊克武等。但由于国民党内部涣散，只能被动应战，不到两月，讨袁军就被袁军击溃，各省独立宣告失败。孙中山再度亡命日本，重组中华革命党。

③ “残纯朴”二句：纯朴，未经砍雕的原木；圭璋，精美贵重的玉器。《礼·礼器》：“有以少为贵者，圭璋特。”牺樽（zūn）：古代酒器，作牺牛形或在樽腹刻画牛形。樽，盛酒器。《诗·鲁颂·閟宫》：“牺樽将之。”

此二句原出《庄子·马蹄》：“故纯朴不残，孰为牺樽？白玉不毁，孰为圭璋？”意谓完整的树木不被雕刻，怎会有酒器？洁白的玉不毁坏，怎么有精美的玉器？据此，原文应为“残纯朴而为牺樽，毁白玉而为圭璋”。

④ 依黯：一种伤别怀人的情思。宋苏轼《答宝月大师书》：“愈远乡里，曷胜依黯。”

萧瑟[1]此中原。
末俗[2]难为计，
孤怀[3]未可言。
醁醽[4]堪一醉，
莫谓不胜樽。

（二）

世乱亟[5]如此，
嗟君何所之。
马尘[6]逐京国，
风雪黯江湄[7]。
吾党材难用，
苍生事可知。
今朝离别意，
未敢说相思。

（原载《光华学报》第2年第1期）

① 萧瑟：秋风声。战国楚宋玉《九辩》："萧瑟兮草木摇落而变衰。"又毛泽东《浪淘沙·北戴河》："萧瑟秋风今又是，换了人间。"此处比喻兵劫后景物的凄凉破败。

② 末俗：末世的衰败习俗。汉董仲舒《士不遇赋》："生不丁三代之盛隆兮，而丁三季之末俗。"

③ 孤怀：孤高的情怀。唐孟郊《连州吟》诗："孤怀吐明月。"

④ 醁醽（lùlíng）：美酒名。唐李贺《示乐》诗："醁醽今夕酒。"

⑤ 亟（qì）：屡次。《左传·隐公元年》："亟请于武公。"此处意谓频繁。

⑥ 马尘：马奔走时扬起的尘埃。元萨都剌《燕姬曲》："兰香满路马尘飞。"

⑦ 江湄（méi）：江滨。湄，水和草相接的地方。《诗·秦风·蒹葭》："所谓依人，在水之湄。"

孤　儿[1]

（一九一七年三月七日）

一、无可奈何之斜阳

“余诚不知此无情之斜阳，西沉乃若是其速。”“此黄色之斜阳，今日固仍穿此菩提树而入此斗室也。而吾父乃不复坐此，为余说狐鬼之故事。”“今日吾父母墓上，当亦有此黄色之斜阳也。”可怜哉此孤儿，方斜倚败壁，衣飞鹑之单衣，迎瑟瑟之晚风，而作此断续之语。其状至可悯也。其面黑而瘦，有爪痕似为人所掝者。目深凹，发蓬蓬然，左足曳一履，右足以败絮重重裹之，而频频加于左足。时转其目视之，若不胜痛楚者。未几，户内忽作严厉之声呼曰：“小鬼……小鬼……”孤儿乃应声蹩足入户。

嗟乎！诸君亦怜惜此孤儿乎？亦知此孤儿将来之为何如人乎？此孤儿乃非常人也。然诸君当知非常人，绝非禀赋之异，特所志与常人异耳。余既确实认定此界说。故尝著论曰：“人之初生，未始有异。而卒至于大异者，习为之也。人之有习，初不见其何以异。而卒至于大异者，志为之也。故入燕则北辕，入越则南楫。”而此篇小说，所贡于我最亲爱之青年学子者，亦惟有一“习”字与一“志”字。

孤儿姓陈，初无名，直隶大兴人也。世居京都之二龙坑，父名大复，为汴之绸商。母吴姓，京国［都］农家女，产儿方三月，病瘠死。时大复客大梁，儿方在襁褓中，无人抚视，心忧之。大复之友周怀仁，以县丞官于洛，能自卑贱媚事长官，故颇有能吏名。闻之，驰书告曰：吾有妹年三十五而未嫁，愿得侍君子。

---

[1] 原标题为《可怜孤儿》，后有“（社会教育小说）”文字。在《光华学报》第 2 年第 3 期续《孤儿》篇文末，作者写了一个“勘误”说：“上期题名‘可怜’二字乃手民误加，特此更正。”故现标题按作者原意，删去“可怜”二字。

大复以齐大非偶却之。雇保姆乳儿，己则居家兼操井臼。四年，儿初长，再贾于汴。周再问请妻其妹，大复亦欲得内助，遂许之。迎归。周固奸滑小吏，艳大复多金，思欲罗致之，非有所爱于大复也。周女既宁陈家，悍特甚，时佣奴其夫。此可怜之孤儿，更鼠视而虫贱之无论矣。常指天画地，申申詈其夫曰："蠢材！真不识美丑，乃与彼黄脸婆儿，贪刹那之欢，遗此小鬼子累煞人。"又曰："宁为官家婢，勿为贾人妻。吾为汝等困死矣。"由是大复颇懊悔。然迫于妻党多势，莫如之何也。久之，积资暂为妻党所没，大复忿然出。未数月，客死大梁。同里某商，以其骨归葬。时距孤儿凭吊斜阳，凄然念其父之顷，方八阅月也。

当孤儿应声蹩足入户之时，彼之后母，方踞坐堂之一隅。观其状约年四十许之中妇，浓眉阔口，一望而知其性极凶狠也。其衣为甚厚之蓝缎棉衣，然犹瑟缩畏寒，藏其下颚于衣领中。一美婢侍其左，频频以雪白之巾，去彼主母衣上之尘。其衣乃至洁，而此婢仍勤拂不已，意非拂尘，盖借以得主母之欢心也。未几，复以巾掩口葫芦笑，作不屑之状视孤儿。孤儿羞涩，不敢前，低首自视病足。不一瞬，此时堂上绝无声息，一若死囚已受法官最后判决者。良久，中妇忽自语曰："吾乃不知此儿若是之劣，见人乃瑟缩为鼠。"继复切齿大声呼曰："小鬼——汝再作此小家□者，其直汝之腰，昂汝之首，徐步来前，吾将告汝立身之道。勿跃跃如蛙如雀。"此可怜之孤儿，初闻言已战栗无人色，继闻直腰昂首之命，乃强自振作昂首，徐步而进。顾状乃弗肖，婢大笑。中妇睨婢曰："汝看彼能成材否？"继严肃其貌，谓孤儿曰："汝父乃窭人子，身后不遗一钱，余诚不能为汝家作寒乞妇。汝今年已十一岁，当思做人之道，终日乃荒嬉不作一事耶？邻家燕宝，虽非官家子弟，然性根较汝为优。汝非读书种子，且性根过劣，亦思学燕宝读书，此乃大谬。汝当知做人当习劳，此后当尽汝分内之事，勿妄冀非分。"言毕，皱其眉俯首微吁，若颇不耐者。孤儿仍直立弗敢他去，心中则滋怒，思彼父母乃弃养若是之早，使彼父若在者，当亦不使此悍妇日坐堂皇，以彼为囚犯，日开数次之庭判也。又思彼见挞詈彼之虐，意其性根必至劣者。今禁我读书，则更痛心疾首之事矣。何谓分内之事？岂必为洒扫汲水粪除诸贱役耶？嗟乎，"习劳"二字，乃为彼悍妇之虐刑。吾十一岁可怜之孤儿，乃胜此种种之耶？时此中妇方高坐注视此儿，目不一瞬。此儿大惧欲啼，然又不敢声，惟力俯其首，冀与其目光不相触。良久，中妇乃语孤儿曰："去……去……其速去，此乞儿相，对之徒厌人意。此时庖人方涤食余之厨具，尚需汝佐之也。"孤儿闻言，如释重负，乃蹩足入后堂去。中妇左顾婢，作鄙夷之辞曰："贱……贱……真不可教……吾与之言，乃痴立如槁木。令其为婢仆之役，便欣欣去矣。"婢耸肩而笑曰："噫……彼乎……贾人子，真不可教也。”嗟乎，此可怜之孤儿，宁为贱役，徒以悍母可谓故耳，彼安得知之耶。

（原载《光华学报》第2年第2期　署名：负生）

游君山作*

（一九一七年五月七日）

（一）

尽日东风吹柳枝，
汨罗江[①]上去帆迟；
不须浪作怀沙赋[②]，
且为湘灵[③]住少时。

---

* 君山，又名湘山、洞庭山，在湖南省洞庭湖中。相传为舜妃湘君（一说为湘水之神）所游之处。

① 汨（mì）罗江：湘江支流，在湖南省东北部，流经汨罗市后注入洞庭湖。战国时楚国大诗人屈原即自沉于此江。

② “不须浪”句：浪，轻率，徒然。唐韩愈《秋怀》诗：“胡为浪自苦。”《怀沙赋》，战国时楚国诗人屈原所作《九章》篇名之一。诗中叙述诗人怀抱沙石自沉时的心情，相传为屈原绝命词。

③ 湘灵：湘水之神。战国楚屈原《远游》：“使湘灵鼓瑟兮。”

(二)

空余片石[①]洞庭间，
宝瑟尘埃翠竹[②]寒；
四顾绿丛无一语，
乱云和雨上孤山[③]。

（原载《光华学报》第2年第3期　署名：负生）

---

① 片石：此处当指君山二妃墓前的石碑。清光绪七年（1881年）重修的二妃墓前立有石碑，上镌“虞帝二妃之墓”六字。二妃即娥皇、女英。相传娥皇、女英是帝尧的两个女儿，同嫁虞舜为妃。据《史记·五帝本纪》记载：舜“践帝位三十九年，南巡狩，崩于苍梧之野，葬于江南九疑”。相传娥皇、女英曾到君山寻找舜，闻舜已死的噩耗后，自投湘江而死。当地老百姓即将二妃遗体埋葬在君山上，并立祠祭祀，奉为湘水女神。

② 翠竹：君山上长满翠竹，其中斑竹最为闻名。竹上长满紫斑，宛如泪痕，相传是当年二妃在君山哭祭舜时，泪水洒在翠竹上变成。故斑竹又名湘妃竹。

③ 孤山：孤立的山丘。这是一种特殊的地质地貌现象。此处指君山。

和南唐后主词*

（一九一七年五月七日）

丁巳六月朔[①]，与余姚[②]符君伯坚[③]、嘉禾[④]陈君仲勉[⑤]，相聚于临桂[⑥]朱葆真君刘彩荣[⑦]女史贤伉俪之秋思馆，酒余多兴，维分和后主词，夜午为限。余不谙声韵，兼乏座上群研[⑧]之才，勉成七阕，颇愧弗如重光[⑨]，聊志良朋吟赏之乐云尔。

（一）清平乐[⑩]

匆匆春半，寂寞音书断。
一枕莺声和梦乱，芳草长亭[⑪]绿满。
金钱夜卜[⑫]难凭，玉炉心字烧成[⑬]。

---

* 南唐后主：即李煜（937年8月15日—978年8月13日），祖籍彭城（今江苏徐州铜山区），生于金陵（今江苏南京），为南唐元宗李璟的第六子，字重光，号钟隐。他是南唐最后一位国君，精书法、工绘画，诗文均有很高造诣，尤善写词，有“千古词帝”之称。

① 丁巳：民国六年（1917年）。朔：农历每月初一。

② 余姚：今浙江省余姚市。

③ 符伯坚：作者友人，生平不详。

④ 嘉禾：即嘉禾县，崇祯十二年（1639年）始置，位于湖南省南部，郴州市西南部。现为湖南省郴州市下辖县。

⑤ 陈仲勉：作者友人，生平不详。

⑥ 临桂：今桂林市临桂区。

⑦ 朱葆真、刘彩荣：作者友人，生平不详。

⑧ 群研：疑为群彦之误。群彦，众英才。汉蔡邕《答元式》诗：“济济群彦。”

⑨ 重光：五代南唐后主李煜字。

⑩ 清平乐：词牌名。后主原词为：“别来春半，触目愁肠断。砌下落梅如雪乱，拂了一身还满。雁来音信无凭，路遥归梦难成。离恨恰如春草，更行更远还生。”原词写久客闲愁和作抒怀人情思。

⑪ 长亭：秦汉时十里置亭，谓之长亭，为行人休憩及饯行之处。唐李白《菩萨蛮》词：“长亭更短亭。”

⑫ 金钱夜卜：古代习俗，掷金钱以卜吉凶。唐于鹄《江南曲》：“暗掷金钱卜远人。”

⑬ “玉炉”句：玉炉，熏香炉的美称。心字，一种可燃的香料，用香末制成，作心字形。宋蒋捷《一剪梅·舟过吴江》词：“何日归家洗客袍，银字笙调，心字香烧。”

莫问春情深浅，钱塘今夕潮生。

（二）喜迁莺[①]

花影瘦，晚香微，帘外碧枝欹[②]。
黄蜂紫蝶可偎依，莫待软红[③]稀。

欢常散，心常乱，今夜月明深院。
梦魂何处可寻伊，愁听不如归。

（三）阮郎归[④]

眉儿依旧淡如山，情愁人转闲。
兰风桂露意阑珊[⑤]，相思方寸[⑥]间。

红影乱，烛花残，香摇双鬓鬟。
醉调鹦鹉偶开颜，春声度[⑦]曲栏。

---

① 喜迁莺：词牌名。后主原词为：“晓月堕，宿云微，无语枕频欹。梦回芳草思依依。天远雁声稀。啼莺散，余花乱。寂寞画堂深院。片红休扫尽从伊，留待舞人归。”原词写孤处少妇盼所爱者归来，和作写男女别情。

② 欹（gī）：斜，倾侧。北周庾信《哀江南赋》：“入欹斜之小径。”

③ 软红：都市繁华。宋苏轼《次韵蒋颖叔钱穆父从驾景灵宫》诗：“软红犹恋属车尘。”

④ 阮郎归：词牌名。后主原词为：“东风吹水日衔山，春来长是闲。落花狼藉酒阑珊，笙歌醉梦间。珮声悄，晚妆残，恁谁整翠鬟。留连光景惜朱颜，黄昏独倚阑。”原词写百无聊赖中盼人来，和作写春日女性的孤独心情。

⑤ 阑珊：衰落，将尽。唐白居易《咏怀》诗：“诗情酒兴渐阑珊。”

⑥ 方寸：心。晋陈寿《三国志·蜀书·诸葛亮传》：“今已失老母，方寸乱矣。”又，寸心。唐杜甫《偶题》（五言排律）：“文章千古事，得失寸心知。”

⑦ 度：通“渡”，过。唐李白《蜀道难》诗：“猿猱欲度愁攀援。”

（四）锦堂春[①]

翠滑香云[②]腻，金铺坠燕[③]无声。
晚来浅晕愁鸾镜，恨与乱芜平。

燕子不归春暮，斜阳落处潮生。
断魂故国长亭[④]别，目送玉騧[⑤]行。

（五）应天长[⑥]

宝奁[⑦]如月开明镜，背面簪花[⑧]依约整。
绮窗闲思天涯迥[⑨]，院宇沈沈风絮[⑩]定。

乱红堆满径，肠断胭脂金井[⑪]。
已是春阑梦醒，何堪愁与病。

---

① 锦堂春：词牌名，一作乌夜啼。后主原词为："昨夜风兼雨，帘帏飒飒秋声。烛残漏断频欹枕，起坐不能平。世事漫随流水，算来梦里浮生。醉乡路稳宜频到，此外不堪行。"原词写被俘后秋日生活的忧苦，和作写女子怀人的感情。

② 香云：谓女子鬓发。元周权《采莲曲》："翠绾香云双凤凰。"

③ 金铺坠燕：金铺，华美的铺榻；坠燕，榻上屏枕所画鸟形。后蜀欧阳炯《浣溪沙》词："凤屏鸳枕宿金铺。"

④ 长亭：见前《清平乐》注。

⑤ 玉騧（guā）：身黄嘴黑的好马，泛指骏马。《诗·秦风·小戎》："騧骊是骖。"

⑥ 应天长：词牌名。此作为南唐中主李璟词。词云："一钩初月临妆镜，蝉鬓凤钗慵不整。重帘静，层楼迥，惆怅落花风不定。柳堤芳草径，梦断辘轳金井。昨夜更阑酒醒，春愁过却病。"原作抒写美人春尽时闲愁失意的情绪，和作亦拟之。

⑦ 宝奁（lián）：古代以金银珠玉贝等装饰而成的妇女梳妆用的镜匣。《后汉书·光烈阴皇后纪》："视太后镜奁中物。"

⑧ 簪花：戴花。古代遇典礼宴会佳节，男女皆戴花。唐杜牧《为人题赠》诗："有恨簪花懒，无聊斗草稀。"依约：隐约。唐白居易《答庶子》诗："依约似龙楼。"

⑨ 迥（jiǒng）：远。三国魏曹植《杂诗》："江湖迥且深。"

⑩ 风絮：随风飘悠的絮花，多指柳絮。唐薛能《折杨柳》诗："水蒲风絮夕阳天。"

⑪ 胭脂金井：胭脂井故址在今南京市。隋兵灭陈，陈后主与妃张丽华、孔贵嫔投入此井，后为隋兵所执。井有石栏，呈红色，人呼为胭脂井。金井，井栏上有雕饰，一般用于宫廷、贵族园林。

（六）望远行*

蟾魄①窥灯未肯明，不因绣户夕长扃②。
相思凤纸③待书成，心随青使④过荒亭。

摧落木，动寒砧⑤，更谁能遣此时情。
秋声入耳已频惊，何堪秋思共愁生。

（七）浪淘沙⑥

流水碧潺潺⑦，花事阑珊⑧，罗衾绣帐夜深寒。
阆苑⑨旧人零落尽，孤寂无欢。

---

* 望远行：词牌名。此为中主词，词云："玉砌花光锦绣明，朱扉长日镇长扃。夜寒不去寝难成，炉香烟冷自亭亭。残月秣陵砧，不传消息但传情。黄金窗下忽然惊，征人归日二毛生。"原作写孤独情怀和迟暮之感，和作写秋日闲愁兼怀人情绪。

① 蟾（chán）魄：月亮的别称。传说月中有蟾兔。唐陆龟蒙《寄怀华阳道士》诗："蟾魄几应临蕙帐。"

② 绣户：雕绘华美的门户，多指妇女居室。南朝宋鲍照《拟行路难》诗："文窗绣户垂罗幕。"扃（jiōng）：门闩，多作自外关闭门户之用。《礼·曲礼上》："入户奉扃。"

③ 凤纸：绘有金凤的名纸。唐李商隐《碧城》诗："收将凤纸写相思。"

④ 青使：古代神话中的青鸟，为西王母的侍者。后借指使者，故称青使。清黄景仁《满庭芳》词："唤乘青使，邀他仙侣神州。"

⑤ 砧（zhēn）：捣衣石。南朝宋谢惠连《捣衣》诗："檐高砧响发。"

⑥ 浪淘沙：词牌名。南唐后主李煜词。原词为："帘外雨潺潺，春意阑珊。罗衾不耐五更寒。梦里不知身是客，一晌贪欢。独自莫凭栏，无限江山。别时容易见时难。流水落花春去也，天上人间。"原作写被俘后怀念故国的悲痛心情，和作追念往日欢情和寄书无着的寂寞情怀。

⑦ 潺潺（chán chán）：水流貌。魏明帝曹叡《步出夏门行》："弱水潺潺。"

⑧ 阑珊：见前《阮郎归》注。

⑨ 阆（láng）苑：阆风之苑，仙人所居之境。阆风，仙人所居山名。唐李商隐《碧城》诗："阆苑有书多附鹤。"此处泛指旧时游赏的胜景或情人住处。

云雨[1]欲迷栏，何处蓬山[2]。鹤书[3]多恐寄将难。
留得泪珠无处着，字里行间。

（原载《光华学报》第2年第3期 署名：负生）

① 云雨：喻男女幽合。语出战国楚宋玉《高唐赋》："妾在巫山之阳，高丘之阻，旦为朝云，暮为行雨。"

② 蓬山：蓬莱山，神话中海上三神山之一，传说为仙人所居。唐李商隐《无题》诗："蓬山此去无多路。"此处指情人住处。

③ 鹤书：一种书体，又名鹤头书、鹄头书。古时征辟贤士的诏书用此体。唐皇甫曾《哭陆处士》诗："汉家偏访道，犹畏鹤书来。"此处指情书。

如是斋随笔*

（一九一七年五月七日）

年少多才，每为人忌。大抵头角峥嵘，锋芒太露，其才虽可爱，然亦可畏，此所以遭忌矣。唐渭南尉刘延祐弱冠政事冠畿县①，李勣②寄书云：“足下春秋甫尔③，遽擅大名④，宜稍自贬抑。无为独出人右。”寥寥数语，少年可奉为南针。或曰：不遭人忌是庸才。余殊不谓然。贾生⑤杰才，不自贬抑，卒为绛灌⑥所忌，调遣长沙，终至痛哭流涕，伤其天年，究于天下国家有何益处？

绿波传云：“曩时⑦朋辈，皆为有为之少年，功业蹉跎⑧。困于天与人者半，困于情与爱者亦半。”吾读斯语，不禁懔然以惊，懔然而惧也。情爱二字，少年每为所误。以大好光阴，消磨于粉红黛绿之场，殊属无谓。至若建伟大之业，树不世之功，惟吾辈少年，为有为耳。古语曰：人定胜天。功业自在人为，于天何有哉。余尝书联云：“古人大抵亦如我，世事何尝不可为。”少年少年，同体斯意。

---

* 本文末注明“未完”，由于《光华学报》仅存 6 期，未见续篇。

① 刘延祐弱冠政事冠畿县：刘延祐，唐初一干练地方官。进士及第，初任渭南县尉，政绩优异，为京畿诸县之首。后封爵薛县男，官至安南都护。弱冠：古时男子二十行冠礼，但体魄未壮，故称弱冠。后沿称年少为弱冠。冠畿县：京畿各县之冠。畿：京都附近的地方。

② 李勣（594—669）：唐初重臣，本姓徐，字懋功，有功于唐，赐姓李。后官至丞相。

③ 足下春秋甫尔：你的年纪这么年轻。足下：对朋友的敬称。春秋：人的年岁。

④ 遽（jù）擅大名：很快就享有这么大名声。

⑤ 贾生：贾谊，汉初政治家、文学家，洛阳人。22 岁即被汉文帝召为博士，1 年内超拔为太中大夫。由于锐意提出改革建议，被大臣排斥，外放为长沙王太傅，后又转为梁怀王太傅，忧郁而死，年仅 32 岁。

⑥ 绛灌：汉初老臣周勃、灌婴的合称。周勃（？—前 169），少以织蒲为生，佐刘邦起兵定天下，封绛侯。诸吕篡权，赖他用计平定，官拜右丞相。灌婴（？—前 176），少以贩缯为业，从刘邦定天下，封颍阴侯，官至丞相。

⑦ 曩（nǎng）时：昔时，以前。

⑧ 蹉跎（cuōtuó）：虚度光阴。

《魏文帝与吴质书》① 云："行年已长大，所怀万端，时有所虑，至通夜不瞑。志意何时复类昔日。已成老翁，但未白头耳。"此数语如自我心中道出。日月易逝，所志不遂，由少年朝气，渐变而为暮气。《绿波传》所谓功业蹉跎，困于天与人者，殆即此耳。嗟乎，世事果不可为耶？抑天定胜人耶？此又不可知者矣。

名也者，相轧也。知也者，争之器也。社会悬种种之名以饵之，人类赋种种之知以争之。饵之不已，于是争之亦不已。争之不得，于是彼此相倾而相轧。相倾轧不已，于是报之亦不已。嗟乎，争之难平也，天折地绝，亦无自屈之期。报之不已也，鬼哭神愁，奚有相安之日。故庄生②曰："圣人不死，大盗不止。掊斗折衡，而民不争。"

西洋之人尚法，法之弊至于寡恩。东洋之人尚情，情之弊至于无耻。寡恩非天，无耻非人。寡恩者亡，无耻者族。亡者吾见罗马矣。然吾中国者，尚法耶？尚情耶？亡耶？族耶？此又不可不知之者也。仲尼③之言曰："自天子以至于庶人，守先王之法而无所背。"则吾国明明尚法矣。《春秋》传曰："刑不上大夫。"又"为尊者讳，为亲者讳"。种种之谬论，则吾国明明尚情矣。盖对之士大夫则尚情，对之庶人则尚法也。所谓尧舜先王之道，牢不可破，相沿至今。于是酿成寡恩无耻之国政：窃钩者诛，窃国者侯。侯之门而仁义存焉。是不亡，是不族，其将安待？

余颇喜森彼德（法卢梭之友）所著《离恨天》句云："使未来祸事，我已前知，则祸事未来之先，忧烦顾虑，宁复有安宁之日？故凡事当以不推测为佳。"我国因循之人，即坐此妄事推测之病。凡作一事，祸福不可预料，若事先忧烦顾虑，几无一事可为矣。

长沙老儒丁果臣，崖岸高峻，动以礼法绳人。曾国藩纳妾，丁贻书力争之。后王湘绮④亦纳妾，丁以志士枕戈之际，不宜沉溺宴安为责。湘绮曰："庸何伤，余已名妾曰戈儿，枕之而卧，亦不亡在莒之义。"丁语塞，莫可如何也。余曰：善哉！善哉！当兹国家多难，大人先生，必多多纳妾者，是亦枕戈之意乎？

"神经病"三字，近日几成时髦名词。一般啸傲山水，诗豪画伯之假名士，

① 《魏文帝与吴质书》：魏文帝，即曹丕（187—226），曹操次子，曾为五官中郎将。曹操死后，代汉为帝。吴质，曹丕、曹植的朋友，曾任朝歌令。建安二十二年（217 年）瘟疫流行，"建安七子"中染病而亡者过半。曹丕念及亡友，于是给吴质写了这封信。

② 庄生：指庄子，战国时期重要的思想家与文学家。

③ 仲尼：孔子字仲尼。

④ 王湘绮：王闿运（1833—1916），号湘绮，湘潭人。曾参曾国藩幕，后主持书院多处。入民国，任清史馆馆长，兼参议院参政。长于诗文，著述颇丰。

每每自命为神经病。殊不知神经病三字，决非假名士所能几及。吾国熊廷弼[①]，兵略古来无二。据《气性传》[②] 所载，熊廷弼完全为神经病人。德之俾士马克，在旅馆唤茶房不应，即开枪击门。主张民权自由之卢梭，因追缉一犬，跳跃过河，皆神经病之最甚者。试问今日自命神经病之假名士，亦有以上三人之功业否？

集古人诗句，袁简斋[③]讥为借他人珠履绣裳，穿着虽然华丽，终非己物。余以为不然。珠履绣裳，只问其人穿着入时华丽否，不必论其人物己物也。近人某，集定庵[④]句云："一寸春心红到死，四厢花影怒于潮。"又抄公集定庵句赠何海鸣云："三生花草梦苏州，红是相思绿是愁。今日不挥闲涕泪，一身孤注掷温柔。"可谓绮艳独绝矣。

余喜读义山[⑤]诗，前尝集句为百余联，今不复记忆矣。仅记数联云："冰簟且眠金缕枕，玉楼仍是水精帘。""花须柳眼各无赖，湘瑟秦筝自有情。""犹自金鞍对芳草，更持红烛赏残花。""深知身在情常在，相见时难别亦难。""已随江令夸琼树[⑥]，忆向天阶问紫芝。""岂有蛟龙愁失水，欲回天地入扁舟。""陆机始拟夸文赋[⑦]，项羽何曾在故乡。"属句尚是自然，似无牵强之病。

王容子亦集义山诗为《菩萨蛮》词云：其一："漆灯夜照应［真］无数，铜台罢望归何处。所得是沾衣，青灯两鬓丝。芦花惟有白，朔雁传书绝。旅宿倍思家，身闲念岁华。"其二："桂宫留影光难取，映帘梦断闻残语。星见欲销云，云中亦有君。坐疑忘物外，落叶人何在。山晚更参差，郊园寂寞时。"其三："如何一梦高唐雨，枉教紫凤无栖处。雾夕咏芙蕖，翻嫌脉脉疏。地宽楼更［已］迥，

---

① 熊廷弼（1569—1625）：明代军事家，江夏人。万历四十七年（1619年）领兵驻守辽东，勇于任事，多有建树，后因巡抚王化贞兵败，被太监魏忠贤陷害，被杀，传首九边。崇祯二年（1629年）昭雪。

② 《熊廷弼遗书》中有《性气先生传》，此处作《气性传》，疑有误。

③ 袁简斋：袁枚（1716—1798），号简斋，清代著名诗人，钱塘人。进士及第后曾任县令多处，40岁辞官告归。后侨居江宁，筑随园，以诗书自娱，世称随园先生，著书颇丰。

④ 定庵：龚自珍（1792—1841），号定庵，清代进步思想家、文学家。一生仕途困顿，48岁辞官，主持云阳书院。曾提出一系列改良主张，为近代史上改良主义的先驱。诗文成就很高，为首开近代文学风气的人物，影响很大。有《定庵全集》。

⑤ 义山：李商隐（813—858），字义山，晚唐著名诗人。其诗深情绵邈，绮丽精工，音调和婉，独具风格，影响深远。

⑥ 江令夸琼树：江总（519—594），南朝陈诗人。历任尚书仆射、尚书令，世称"江令"。他身为宰相，不理政务，每日与其他文学侍从陪陈后主制作艳诗。

⑦ 陆机始拟夸文赋：陆机（261—303），西晋著名文学家，吴丞相陆逊之孙，大司马陆抗之子。20岁逢吴灭亡，与弟陆云苦学11年，作《文赋》，誉满京华，声溢四表。《文赋》是我国文学史上唯一用赋论文的名作，对文学的构思、想象、立意、修辞、创新等都有精辟论述。

不见嫦娥影。金管隔邻调，相思正郁陶。”其四：“阊门日下吴歌远，秋霖腹疾俱难遣。襞锦不成书，人前道得无。登楼［凭栏］明日意，黄叶仍风雨。回首是重帏，佳期自古稀。”朱竹垞[1]集唐诗作《蝶恋花·咏春雨》云：“江海茫茫春欲遍(刘长卿)，岸上无人（孙光宪），野色寒来浅（罗隐）。向晚因风一川满（薛奇童），兰闺柳市芳尘断（骆宾王）。越女含情已无限（羊士谔），洒雾飘烟（包佶），天畔登楼眼（杜甫）。此夜断肠人不见（顾况），纱窗只有灯相伴（裴说）。”读之恰是词语，声韵俱入神化，洵难能可贵者矣。

风景名胜之区，楹联不少佳作，集句亦多隽颖可诵者。浔阳烟水亭联云：“清风明月不须买，远山近水皆有情。”金陵莫愁湖联云：“水如妆镜山如黛，云想衣裳花想容。”长安武则天庙联云：“六宫粉黛无颜色，万国衣冠拜冕旒。”武侯祠联云：“三代后一人，古来材大难为用；六出师两表，文采风流今尚存。”皆运用成语，极其自然，天造地设，不可移用他处者也。

杜牧之[2]咏项王有句云：“江东子弟多才俊，卷土重来未可知。”悼惜失败英雄，使人不敢小觑，意至佳也。偶阅岭南三大家诗集，翁山[3]咏项王云：“战血淋漓洒美人，项王意气自纵横。多情不渡乌江水，为有红颜在草茵。”不禁为之叫绝。项王虽失败，而千百载后，犹有翁山先生，将其心事曲曲道出。英雄美人，同为不朽矣。

太史公[4]曰：“以德立宗庙，定社稷，曰勋；以言曰劳，用力曰功。”此言勋赏各有定序，弗可滥也。吾国勋赏满天下，神奸大逆、豪奴贱隶，均宠以高位，畀以厚禄。于是勋不足尊，赏不足劝。而高洁廉明之士，得之转以为奇辱。故昔人论刑赏曰：一为赏，二为常，三为固然。夫多赏尚不可，而况滥乎？

司马氏谓富贵而名磨灭，惟倜傥非常之人称焉[5]。今之人，无非常倜傥足称

---

① 朱竹垞：朱彝尊（1629—1709），号竹垞，清文学家，浙江嘉兴人。诗、文、词均有声于时，为浙西词派之首，编有《词综》、《明诗综》等。

② 杜牧之：杜牧（803—852），字牧之，晚唐著名诗人。诗文兼擅，尤以诗闻名。其咏史诗立意不同一般，颇有特色。

③ 翁山：屈大均（1630—1696），字翁山，明末清初岭南著名诗人，广东番禺人。明亡后，矢志不屈，曾积极参与抗清活动。诗风明健雄放，五律尤胜。

④ 太史公：司马迁，西汉史学家、文学家，武帝时任太史令，作《史记》，世称太史公。

⑤ “司马氏”二句：司马迁《报任安书》云：“古者富贵而名摩灭，不可胜记，惟倜傥非常之人称焉。”意思是说，自古以来富贵之人被人遗忘的数不胜数，只有那些不同寻常的卓异人物，才被称道。倜傥（tìtǎng）：豪爽，卓异。

者，岂皆富贵而名磨灭也耶？露索去刀兵①，不闻出阁之长倩②。漆头作饮器③，无复吞炭之豫让④。士夫名节，于兹沦丧尽矣。

佛说：一切众生，皆是平等。又华严宗云：但能普渡众生，头目脑髓皆可施舍与人。大乘⑤戒律云：杀了一人能救众人，这便是菩萨行。又云：国王暴虐，菩萨有权，应当废黜。吾以是知佛法平等博爱，而极恶专制者也，故佛教适于共和国。然今日之佛教，净土一宗⑥，最为愚夫愚妇所崇拜。更参合以《太上感应篇》⑦、《文昌阴骘文》⑧，乞求功名福利之谬说，去佛法之本旨日益远，而佛教之势力日益微矣。惜哉！

佛说：有一席地展布四体，便是道场。一念相应处，便是证人。一事撇得下，便是解脱。一念卓坚，便是根基。一境拒得过，便是降魔。故放下屠刀，立地可以成佛。岂必十年面壁，乃是超凡入圣？十万八千里之外，始是西方极乐国哉？

人生不过百年，余不知熙熙攘攘，所为何事。将欲作英雄乎？豪侠乎？神奸巨滑乎？然过眼云烟，转瞬即逝，复何为者？或曰：人自有生以来，便有种种之事业。因人生之光阴有限，便不得不亟亟作种种之事业。譬之人有生必有死。若知其有死而弗生，不可也。因知其有死，所以必求生也。嗟乎，此天下之所以多事矣。

---

① 露索去刀兵：解开衣服，露出身体，让人搜查是否带有凶器。

② 出阁之长倩：传说汉丞相公孙弘年轻时家贫，曾牧猪海上，后被国士推为贤良。刚由朝中出任外官的邹长倩除赠以钱粮衣物外，还赠一束生刍（喂牲口的草），并鼓励他说：人不在乎贫穷或富贵，只要有品行，有学问，就会受到社会的尊重。生刍是最不值钱的东西，如果人家送你一把，你不认为是侮慢，这才是君子，所以我今天也送你一束生刍。邹长倩对青年的关怀与帮助，于此可见一斑。

③ 漆头作饮器：春秋末晋出公二十二年（前453年），赵、韩、魏三家分晋，共灭智氏。赵襄子最恨智伯，将其颅骨上漆，用以饮酒，以解其恨。

④ 吞炭之豫让：豫让为晋卿智伯家臣，赵、韩、魏共灭智氏后，豫让用漆涂身，吞炭自哑，暗伏桥下，谋刺赵襄子，未遂被捕。临死时，求得赵襄子衣服，拔剑击斩，以示为主复仇，然后伏剑自杀。

⑤ 大乘：印度佛教派别，形成于公元1世纪，亦名大乘佛教。自称能运载无量众生从生死大河之此岸，到达菩提涅槃之彼岸，成就佛果。大乘教派贬称原始佛教和部派佛教为“小乘”。

⑥ 净土宗：中国佛教教派之一。初祖为东晋庐山东林寺名僧慧远，唐代名僧善导正式创立。此教派认为一心专念阿弥陀佛名号，死后即可往生西方净土。由于修行简易，中唐以后广泛流行，后与禅宗融合，9世纪传入日本。

⑦ 《太上感应篇》：道教读物。内容多取晋葛洪《抱朴子》，以劝人为善居多。宣扬因果报应，迷信色彩很浓，旧时流行很广。

⑧ 《文昌阴骘（zhì）文》：旧时民间流行之迷信读物，劝人布施，积阴德，必有好报。

孩提之童知爱其亲，鸱鸮[1]长而食母，皆是天性。爱亲善也，食母恶也，由是知性有善恶。若夫过东家墙而搂其处子，攘兄之臂而夺之食，言于人曰，食色性也。是乌乎可？

或谓众生有种种欲，有种种性，故凤凰嗜梧实，鸱鸮甘腐鼠，鹏鸟翼垂天，鸴鸠飞抢地[2]。吾为凤凰，遂以天下之美，尽在于梧实。吾为鸱鸮，遂以天下之美，尽在于腐鼠。吾为鹏鸟，遂以天下之美，尽在于垂天之翼。吾为鸴鸠，遂以天下之美，尽在抢地而飞。各美其所美，性也。若必谓孰善孰恶，弗可也。

极寻常之事，其中皆有至理。男女恋爱，寻常事也，而莎士比亚因以悟人情之大动机。海藻漂岸，寻常事也，而哥伦布因以觅得新大陆。山野之花，牧竖践踏，寻常事也，而窝尔左时因以见造化之微机。吾国人于常见之事，委以自然。不常见之事，委之不可思议。于是天下之至理不明，吾人知识，亦每况愈下矣。

余五年前，每喜与人谈极端社会主义及无为而治等事。余友葆真君，每非笑之。余时抗而与辩。及今思之，顿觉汗颜。盖行极端社会主义，非人人有高尚之道德弗可，非今日之伪道德。譬之碧玉之盘，以之盛碧桃红杏，类也。以之盛糟糠，弗类也。野老土人，捧之大嚼，更弗类也。

“制芰荷以为衣[3]，采芙蓉以为裳，纫秋兰以为佩。朝饮木兰之坠露，夕餐秋菊之落英。”此其仙耶？佛耶？美人耶？余以为不必有此人，然不可无此感想。

（未完）

（原载《光华学报》第2年第3期　署名：黄负生）

---

① 鸱鸮（chīxiāo）：又称鸱枭，俗称猫头鹰。传说此鸟以腐鼠为食，母老共食之，在古代被视为恶鸟。

② 鸴（xué）鸠飞抢地：鸴鸠，即小斑鸠。《庄子·逍遥游》称：蜩与鸴鸠的飞行，只是“抢榆枋而止，时则不至，而控于地而已矣”。意思是说，小斑鸠至多飞冲到榆树或枋树的梢上，有时还飞不到，只得投身于地。极言其飞得不高，对大鹏的上飞九万里难以想象和理解。

③ “制芰荷以为衣”以下五句，皆出自屈原《离骚》。

孤儿（续）

（一九一七年五月七日）

二、朔风凛冽之一夕

朔风凛冽，天黑如泼浓墨，数百里之禁城，乃不闻一人喧嚣作语。泥泞深巷中之犬，亦竟无路人可吠。此可怜之孤儿，方蜷伏于东厢斗室，狼藉之草中。以二尺许之败絮，紧裹其身。室内略有惨绿之灯光，有如腐草寒萤、秋坟鬼火。此灯之制乃特异，以一无柄之汤勺作盏，罩以蛋壳。壳之一方，满涂浓墨，意若不使此惨绿之灯光，射于户外者。此时约近三鼓，凛冽寒风，振颓败之木壁，摇摇作响；吹窗棂作蔽之破纸，其声汩汩然。孤儿闻此声，心房中之血脉，上下跃跃不止。其一手持甚旧之初等国文教科书，熟视“风”“雷”“雨”“雹”等字，然彼之心中，实未注意及此。盖彼方凝精会神，运其灵敏之脑力，细味燕宝所言朴固华盛顿之事也。

燕宝姓庄，为孤儿深情厚谊之邻友。其父名仲驷，归葬大复之骨者。孤儿之后母，既悍且吝，实未酬仲驷以归葬之资。孤儿心实德之。每于旦暮间，阴至其家，依仲驷夫妇若父母，事燕宝如兄。仲驷夫妇，亦深怜其孤露，而阴相之也。燕宝之家庭，美满无伦，故为孤儿所艳羡。

孤儿既受悍母庭训之次日，侵晨伺母未起，乃私往觅燕宝，愀然告以所苦。谓曰：“吾母谓我性根过劣，不能读书。细思之，我性根诚劣。我今年已十一岁，乃不能辨一‘电’字与一‘雹’字，数目中之‘6’与‘9’亦几不能辨。持笔作字，竟摇摇不能自主，吾将遵吾母之命废读也。我废读，我将……”燕宝不待其毕词，连摇其首曰：“此乃大谬！汝废读将欲为蓬头奴灶下婢乎。”孤儿曰：“然乎。”燕宝曰：“何独不然，汝不读书便为奴婢，亦不识汝主人之名姓也。”随于衣袋中出彩色之桌球一，精美之彩色笔三，启其皓齿作美笑。曰并此种种之玩具，亦俱无也。孤儿此时生一种绝灵敏之感想，突忆姨母周夫人之事。姨母不识字，为人所愚弄也。初孤儿之姨父蚤故，姨母私积银币一千二百元授仆代储银行。仆阴囊其币，而以十二元之储蓄券与之。久为姨母知，乃誓令族中子弟读书。孤儿既有此自觉，读书之心乃大炽。又思得一黑呢之学生衣衣之，露出雪白之领，冠以学生之冠，其状乃至华美，人当不复呼我为性根恶劣之童子矣。燕宝视孤儿意少动，更鼓其莲花之舌，谓孤儿曰："吾可怜之小友乎，汝其坐此温暖之榻，吾将为汝述黑人朴固华盛顿之事也。"孤儿骤闻所谓黑人，意必为彼父所言《西游记》恒河沙僧之类。嗟乎，此十一龄不幸之孤儿，安知世界有所谓黑人白人与黑籍伟人之朴固华盛顿耶。燕宝此时欹坐红绒之螺旋椅，方左右周转，孤儿力促其演讲黑人故事。燕宝曰："吾之小友，汝其勿谓汝之性劣，此伟人朴固其智识性根，当远不如汝。汝当知朴固为世界贱视之印度黑种，幼为掘煤之苦工，久之仅识煤桶上'十'、'八'两字，人或讥其愚。然此可怜之小苦工，固无识字机会也。少长，立意读书，凡十余年，而学成。现专办黑人学校，为无数哀哀无知之黑人，咸受基础良好之教育。朴固亦于此时声誉隆起，欧美诸国，皆尊称为印度之神圣。然非朴固始愿所及也。"孤儿曰："汝将以朴固例我耶，是安能者。"燕宝曰："安得不能。汝识字固较朴固为多，尤非掘煤之苦工也。"孤儿作色而喜，力伸其瘦臂，曰："能乎……能乎……吾将事汝若师，从今读书矣。"燕宝大笑，鼓其洁白之小掌，曰："好……好……吾将名汝为陈华盛顿，亦将救吾人之同种，如朴固华盛顿也。"孤儿此时视燕宝儿为天上之安琪儿，以彼乃知世界之事。盖燕宝复为述《黑人吁天录》也。

述未已，钟忽鸣。孤儿自榻间一跃而下，曰："归去……归去……九时吾母起矣。"言时色变声低，若不胜惊惧者。燕宝亦力趋案前，随取一书付孤儿。曰："其藏此衣底，夜间可避汝母自读也。"

(未完)[1]

（原载《光华学报》第2年第3期 署名：负生）

---

① 由于目前为止，未见《光华学报》之后再出版，故《孤儿》续后的内容不得而知。

题 镜 铭*

（一九一七年）

天地山河，有情无情，皆能觉照①本体②，却不留纤微尘影，——这便是菩萨③心。

（据手迹）

* 《题镜铭》是作者亲手用毛笔题写在自家用的一面椭圆形的水银玻璃镜背面皮垫上的数行文字，写作年代待考。原无题，现题为编者代拟。作者曾向他的好友刘子通学习佛学。1917 年 3 月，时为中华大学哲学门本科三年级的学生恽代英在《新青年》第 3 卷第 1 期发表了著名哲学论文《物质实在论——哲学问题之研究》，在全国学界引起强烈反响。时在该校讲中国佛学课程的刘子通师，对恽代英的这篇论文也产生了浓厚的兴趣，与恽代英热烈讨论物质的本原问题。恽代英先后致刘子通师九封信，回答了老师的诘问。笔者据此推断，同在中华大学任教的黄负生，可能受到刘子通、恽代英通信的影响，在这期间写了这篇《题镜铭》。这也是黄负生借用佛家语汇作自我修养、激励的心路历程的真实记录。实物原由作者夫人王纯素和子女黄钢、黄铁保存，1993 年 4 月捐献给国家，现由湖北省博物馆收藏。

① 觉照：觉察观照。谓觉知后能照见事理。

② 本体：佛教语，指诸法的根本自体。《大日经》："一身与二身，乃至无量身，同入本体。"又南宋朱嘉《训蒙诗·克己》："本体元来只是公，毋将私意混其中。"此处指人的本来心性、情性。

③ 菩萨：菩萨是梵语菩提萨埵的简写。菩提的意思是正，萨埵的意思是众生。菩萨意谓既能自觉本性，又能普度众生。此处则取前者，并附加不留痕迹之意。

余意中之新家庭

（一九一八年十一月）

今之少年，每喜放言高论，奇诡骇怪以自雄。以为家庭者，自由之魔障，人生之羁累。故人欲得自由，去羁累者，必自家庭革命始；又或曰："男儿鸿鹄志远，不当琐琐于家人生产作业。"是二语者，仆皆陋之。夫就吾国今日一般之家庭而言，其为魔障，为羁累，诚至确之论也。尝见之士庶之家，执业者类仅一人，男不知耕，女不知织，膏粱文绣，环而坐食者，不知其几也。其亲朋故旧，乞其余粒以活者，又不知其几也。夫以一人之力，而供之于众，于是则生不足；不足则贪，既贪矣，奸邪盗贼，遂层见迭出而不可止。其廉洁自好者，以一人所入，既不足以赡家，长贫自守，终至饥寒流离以死，否则尽丧其节。浮华奢靡，已成风尚，蝇营狗苟，恬不为耻，哀哀苍生，何不幸一至如此乎？小而言之，一身一家，饥寒流离止矣，蝇营狗苟，奸邪盗贼止矣。放而观之一国以至于天下，其由于不足而侵掠，而战争，而革命，而流血，寡人之妻，孤人之子，独人之父母，扰扰无宁日者，其将何以处之耶？嗟乎！嗟乎！果谁之罪？一至于此乎？仆以为不耕不织，膏粱文绣，环而坐食者，有以成之也。

古者女织于户，男耕于野，分工任事，生众食寡，家庭怡怡，不私不嫉，民至老死不知所谓侵掠战争革命流血也。故仆以为，欲家庭怡乐者，必自分工任事始；分工任事，而后无不足之弊；无不足之弊，而后不贪，奸邪盗贼，泯灭于无形，而国治，而天下宁矣！

仆不敏，识卑见浅，何足以言革新造福、齐家治国之道。第自念人世二十五年，风尘仆仆，饱受家庭羁累之苦，缘将平昔意想所得，列举于后，曰："余意中新家庭之建设。"以老幼男女，分工任事，各出所得，公之于众，以若干为服食居住，生老病死及其他不虞之费，更以年龄老少，以定休养教育职业之期，兼举男女正当职业若干，使人有所采择，其分利倚赖之业，咸屏除之。读者亦有以教我乎？仆知管窥之见，固多未尽也。

余意中新家庭之建设：

（一）职业　男子自二十四岁至五十岁，为必须执业期限，可任于种植、畜牧、商店、工厂、化学制造、著作、染织、新闻、医生、教习、乐师、航空、航海、书记、匠人、苦力、发明家中择其一端。

女子自十八岁至四十岁，为必须执业期限，可令［任］于医生、教习、保姆、缝纫、烹调、蚕桑、纺织、织染、看护、浣洗、乐师及其他美术事业中，择其一端。（若家贫者，男子自十八岁，女子自十五岁，亦可任意执业。）

（二）教育　男子至七岁为家庭教育期限（适用蒙铁梭利教育法），八岁至三［二］十四岁为学校教育期限。

女子至七岁为家庭教育期限（适用蒙铁梭利教育法），八岁至十八岁为学校教育期限。若家贫者，男子学校教育，自八岁至十八岁；女子学校教育，自八岁至十六岁止。

（三）婚嫁　男子二十四岁以上，女子十八岁以上，为婚嫁时期。订婚时，虽由男女之自由择配，必先禀明父母而后得正式结婚。不得有需索聘金、妆奁等恶习。

（四）服务　男子司对外交涉、奔走、营干以及教育、种植、畜牧及助理女子一切粗重工作等事。

女子司缝纫、烹调、保姆、浣洗、看护、教育及整理一切器具、服饰等事。

儿童司洒扫、饲家畜、灌花及一切自动事业。

（五）家用　男女以职业所得十分之八归之公家，其余存储，为临时必需之用。司理财务者，酌量分配以下之用途：

饮膳、服饰、房屋、教育、死丧、疾病、养老、抚幼、邮电、款客、报纸、添置器具。

上列各项，死丧疾病，养老抚幼，皆为不常有之事，不过临时酌提若干，存储以防不虞耳。

（六）司理财务　司理财务，由家庭推举其最信任者一人司之。但男子无社会职业，女子无保姆服务者，为合格。若男女至休养期限，尚康强胜职者，即当任司理财政之职。每月收支账目，必付公众阅看。

（七）道德　男女各不得役男女仆，不吸烟，不饮酒，不游惰。

儿童家庭教育时期，必养成独立、诚实、友爱、勤俭诸美德。

（八）起居　早六时起，夜十时寝。每日必履行工作六小时，游戏二小时。

（九）房屋　厅前必略有草地，种植花木。厨房必距寝室稍远，室必多开窗户；膳堂、浴堂、厕所均宜清洁。另备一室，以为公众贮物之用；更设一图书阅报室，更佳。

（十）卫生　男女必实行康德之卫生法，即广植花木，用具勤于浣洗，早起作简单体操，禁与猫犬同室，不饮酒，不吸烟，多作笑之生活等。

（十一）游戏　男女于工作之暇，必作击球、乐歌、舞蹈、踏冰、赛跑等之游戏，严禁金钱角胜等无道德之游戏。

（原载1918年《妇女杂志》第4卷第11号　署名：负生）

汉口苦力状况*

（一九二〇年九月一日）

汉口劳动界之最苦者，莫苦于驮货一类；人数既众，生活尤难；疾病死亡，无人过问；自生自灭，若异类之不如。彼等所受之苦痛，实人生之最难堪者。今就其在江岸一隅之情状记之，可见其一斑矣。

此类苦力皆非人家所雇请者，来去自由，散漫无常，且无头目照管，乃毫无统系。上自龙王庙，下迄洋火厂，有四千余人，游行靡定。内有一部分专守候各轮舶码头，计招商局及周家巷有二百人，太古码头有二百一二十人，怡和码头有二百二三十人，日清、宁绍两公司有六百人，鸿安公司亦有一百四五十人。此辈无论晴雨，皆株守一隅，非犯有偷货行为被管货者所驱逐，决不他去。晴天忙时，自不拘此数，皆无嫉忌心，凭各人腰力驮负。作工时间，甚不一致。有力壮者终日背负，一日尚能得钱千文，余则数百文数十文不等。若公司自行起卸货件，则价廉。如遇客帮搬运，则加倍恶索背负。得钱即往围赌，资尽复去力驮，不留隔日粮。饥冻相乘，死亡甚速。衣无冬夏，仅破麻袋一处，遮其下体。夏则赤膊蓬头，冬以破袋一只覆其首，若富翁之戴风帽然。破草席一截围其身，奇形怪状，不一而足。河滩、街沿、货棚、船头皆彼等卧室。上风露而下潮湿，一至来春，十有九病，此致死之原因一。有时得钱即至小饭店狂饮大嚼（不饮酒二百文即可度一日），醉饱后仰在河滩鼾睡，所有地下潮湿不顾也，此致死之原因二。有终日不得一饱者，亦有兼日而食者，饥饿难忍，则潜至巷尾，常于垃圾堆中，拾取人家所弃腐鱼臭肉，持回河滩，架起土砖，上承以瓦钵，燃火煮食，此致死之原因三。又或窃取货物，为照货之红头小工所见，即捕住，将两手反接缚于木柱上，尽力饱打，藤鞭所至，血肉横飞，哀号之声，如宰豚豕，路人见之，无由

---

* 这是中共湖北早期党组织写的一篇社会调查报告，署名刘云生。这说明中共湖北早期组织成立后，便对中国工人阶级的基本生活状况做了比较深入的调查研究工作。

施救，多有经此一击后，奄奄垂毙，此致死之原因四。又有懒惰成性，不欲工作，或无力负驮者，潜将阴沟毒泥涂于下胫，毒发即行溃烂，跛行街市，冀邀人怜，给以钱物以资度日，不久毒往内攻，数日即毙，此致死之原因五。黠者于河滩船头等处，设有赌摊抽头，昼夜不息，遇有警察来捕，即前往说情，或以钱了之；若遇他种事故，除偷窃外亦能代为出首。此辈衣裤尚能完体，不事工作，恃抽头为活，以头目自命，其实非真能代表其类也。以上所纪，皆实地调查所得。

夫彼等何流落至此？盖有数因焉：（一）因嗜好甚深，或嫖赌烟倾家。此类多系富家后裔，因不务职业，为亲族所共弃，无以自活，乃流入此途。每年死亡，以此类为多数。（二）因所谋未遂。汉口为中国名区，四方之民，多争集之。年来因南北争斗，商务萧条，市廛间人浮于事，不能容身，则转入此途。若南北相持不决，则此类愈增未已。（三）来自远方。此类以川人为多数，约占全数之四。此辈原在川河挪船（俗名挪索索），因不胜其苦，习闻汉口繁华，钱尤易得，是以抛弃原有执业，单身来汉。讵知汉口谋生实在不易，既无朋友介绍，万难侧身正途，于是不得不向此道讨生活。此辈初来皆力大如牛，肥壮无病，虽三四百斤重物亦能背负而行，得钱则饮酒赌博，无储蓄心。以上所纪不过一部分者之状况。至此类苦力，汉口实有一万余人，火车站、街头巷尾，皆有此辈足迹，生活亦大同小异。名称为“背包的”，或“披麻布袋的”，又名“荒气”云。

（原载1920年9月1日《新青年》第8卷第1号　署名：刘云生①）

① 刘云生：“刘”即刘子通；“云”即陈潭秋（名澄，字云光）；“生”即黄负生。

军阀脚下底自治*

（一九二一年八月）

浙江自治是卢永祥①主动的，湖南自治是赵恒惕②允许的，广西［东］现在的自治是陈炯明③提倡的，其余那位时髦军阀吴佩孚④也畅谈自治。总而言之，这种自治是军阀脚下底自治，受军阀底施与，受军阀底卵翼的。试观各省军阀不赞成自治，那个还敢挂起自治招牌来!?

湖北自六七兵变⑤以后，湖北人公然牺牲了“四无主义”，组织自治军。为彻底澄清之计，这种主张真是可以说是懦夫立志，无论何人都是应该佩服的。但是，这种自治军是受了赵恒惕的援助的。吴佩孚面子上畅谈自治，与赵恒惕时有

---

* 该文运用历史唯物主义者的基本观点和阶级分析的方法，深刻地剖析了20世纪初勃起于全国各地尤其是南方各省自治运动的阶级实质，一针见血地指出：“军阀脚下底自治，受军阀底施与，受军阀底卵翼的”，并进而指出：“如要湖北果真达到自治目的，那就是三面军阀（指湖南军阀赵恒惕，北洋军阀吴佩孚和湖北军阀、政客夏斗寅及蒋作宾）底施与了。”坚决主张用社会革命的方法来变革社会，“对于冒牌自治底军阀和官僚根本推翻”。他的这些观点表明，黄负生已站在同时代人的前列来观察地方自治问题，实属难能可贵。

① 卢永祥（1867—1933）：北洋皖系军阀。字子嘉，山东济阳人。曾任北洋军师长和淞沪护军使。1919年任浙江督军，1922年称榜“废督裁军”，改称浙江军务善后督办。

② 赵恒惕（1880—1971）：湖南地方军阀。字炎午，湖南湘潭人。1916年任湖南第一师师长，不久任湖南水陆军总司令。1920年冬成立制宪筹备处，发表“联省自治”主张。次年任湖南省省长，是镇压湖南农民运动的罪魁祸首，曾两次遭湖南人民驱逐。

③ 陈炯明（1878—1933）：广东地方军阀。字竞存，广东海丰人。1911年参加辛亥革命，被推举为广东副都督，后为都督。1917年后任援闽粤军总司令，广东省省长兼粤军总司令。1922年6月勾结英帝国主义和北洋军阀，公然发动叛变，炮轰总统府，妄图杀害孙中山。次年元月被粤军击败，退守东江。1925年10月其部被广东革命军消灭。

④ 吴佩孚（1874—1939）：北洋直系军阀。字子玉，山东蓬莱人。1922年直奉战争后，先后任两湖巡阅使、直鲁豫三省巡阅副使，驻节洛阳，操纵政局。1923年残酷地镇压了京汉铁路工人大罢工，造成震惊中外的二七惨案。1926年夏被国民革命军打败，依附四川军阀杨森等。

⑤ 六七兵变：1921年4月北洋政府在天津举行裁军会议，王占元回鄂后宣布驻鄂北洋军第二师裁减两个团，并克扣士兵薪饷，引起官兵的强烈不满，于6月7日（农历五月二日）晚，2000余名官兵骤起哗变，在武昌城内纵火烧毁民房，抢劫商店，奸淫妇女，烧杀掳掠，无所不为。公营财产损失达5000万元以上，300余户房屋被焚，57人丧生，“全城重创，十年难复”。

信使往还，也许有一二分暗助。而此番自治主动者又为夏斗寅①、蒋作宾②等，他们本身也是军阀。如果湖北果真达到自治目的，那就是三面军阀底施与了。将来湖北人民对于“自治施与者”之军阀是不是取“父慈子孝”之义，极端恭顺？此等军阀是不是自居不世之功，视人民为沐恩者，而这种自治是不是［属］于“民本主义”，都是我们怀疑不定的。

据连日京、沪、汉各报称，吴佩孚于湘鄂两方皆虚与周旋，将来即以萧耀南③督鄂，扩张直系地盘；赵恒惕亦以湘军一师驻鄂，由鄂供给军饷用以酬功，而湖北人在吴、赵脚下去自治，受他们底卵翼。

又据称，自治军中有许多研究系④阴谋家从中活动，预为将来酬功地步，擢得官位。这些可耻可怕的消息，何以一再传来?！果真是这样，这成一个什么自治?！这不是“挂羊头卖狗肉”么?！这不是依然是军阀和官僚底势力么?！我深服［信］这种消息不确。我深望湖北人彻底觉悟，对于“自治施与者”之军阀不取“父慈子孝”酬恩的主义。我深望湖北自治军一不做二不休，对于冒牌自治底军阀和官僚根本推翻！如其不然，军阀脚下底自治是与王占元⑤底专横武断独裁制没有二样。

（原载《武汉星期评论》1921年8月10日第23号，
据1921年8月16日《汉口新闻报》转录）

---

① 夏斗寅（1885—1951）：湖北地方军阀。字灵炳，湖北麻城人。行伍出身，参加了辛亥武昌起义。1920年任湖北自治军前敌司令。1926年任鄂军第一师师长，后任国民军独立第十四师师长，随北伐军进驻鄂西。四一二政变后，秉承蒋介石旨意，在湖北发动叛变，妄图进军武汉，被叶挺率军击溃于武昌纸坊。后被蒋介石任命为新编第十军、二十七军军长。在任武汉警备司令期间，曾血腥地镇压革命运动。1932年出任湖北省政府主席。

② 蒋作宾（1884—1942）：字雨岩，湖北应城人。曾任中华民国临时政府陆军部次长。1921年7月在长沙被推举为湖北自治政府临时省总监。湖北自治运动失败后，任孙中山北伐大本营幕僚长。北伐战争开始后，任湖北宣抚使。后出任中华民国驻德、日公使，任国民政府内政部长，安徽省政府主席等职。

③ 萧耀南（1875—1926）：北洋直系军阀。湖北黄冈（今新洲）人。1921年8月出任湖北督军。1923年指使部属镇压京汉铁路工人大罢工，制造了震惊中外的二七惨案；杀害施洋，解散湖北省工团联合会等革命团体，封闭革命报刊，使武汉成为“悲惨黑暗之城”。后任两湖巡阅使，豫鄂湘防务总司令，湖北军务督办兼署湖北省省长。1924年5月13日派军警搜查汉口吉庆街德润里中共汉口地委和国民党汉口执行部机关，逮捕著名的共产党人和国民党左派人士，通缉李汉俊等，制造了“汉口之党狱”。是长期统治湖北的最凶恶的军阀之一。

④ 研究系：北洋军阀统治时期的政治集团。

⑤ 王占元（1861—1934）：字子春，山东馆陶（今属河北）人。1916年任湖北督军兼民政长，1920年6月时任两湖巡阅使。在鄂期间，大肆搜刮，克扣军饷，引起武昌、宜昌等地兵变，湖北各地兴起“驱王”运动，后被湘鄂联军驱逐。

夕 阳 会

（一九二一年八月）

远远地一带的山，由红色变成紫色了。一望无涯的湖，起了一带蓝烟，笼罩着碧油油的水。蔚蓝色的天，略略起了几片白云，一转眼又变成了红云，照得满山满野，像个黄金世界。乌黑的鸦，一阵一阵地由东方飞向西方去，一直飞到紫色晚山的树林，螺旋式的盘旋着，一点一点地才落下去了。

这是一个三四家人户临水的荒村。一间茅屋门前，南瓜棚下，三个老人又在开他们的“夕阳会”了。卖草鞋的王跛脚和种菜的周三爹，共坐一张破竹床上。茅屋底主人钟姥姥，独坐一个破石鼓。这可说他们每人的惯例，都是这样的。

钟姥姥是一个八十六岁的老农，他所经历的世故人情，和他的不可思议的神秘，都可以从他头上的皱纹和他很深的睫毛掩盖的黄色眼珠上看出来。他现在对于什么“亡国”、“换朝代”、“兵灾水旱”，都不能动他一分感情。现在他是孤零零的一个人，只有一只大黑狗、两只老母鸡是他的亲属。他现在底岁月是单调的过程。“夕阳会”是每天工毕之后，必定要开的。不过冬天就移在屋子里罢了。其实这算得什么会！不过每天傍晚，大家聚集拢来，谈些“南京城隍，北京土地”罢了。

这晚他们照例开“夕阳会”。钟姥姥穿一条黄土布裤子，一直卷到大腿弯里，赤裸裸地翘起一只乌皮黑毛腿来；一枝旱烟筒足有二三尺长，做了他的指挥棍，拿着东指西指地谈洪杨①故事——说得“长毛”② 那般厉害，仿佛这湖山田野吹来的香风，都变成血腥气，天上红云也失了它的色彩，黑暗慢慢地包围了这荒村。他们几乎惊恐起来，也要立刻逃命了。

王跛脚翘着腿，一手伸向他底臭脚丫，一手拿着大芭蕉扇，扑背上的蚊虫；

---

① 洪杨：洪秀全和杨秀清。

② “长毛”：清朝统治者对太平军的贬称。

伸着颈子，张着口，听得格外出神。

周三爹他在洪杨时代，还是他母亲怀中抱着的婴儿。但是钟姥姥说得这样起劲，他哪里能不说什么。他边讲起洪杨故事来，好像跟他亲眼见的没有两样。他说：

……我的母亲，因为腹中怀着妹妹。那时长毛来了，逃得迟些，没奈何只得藏在横店（黄陂县地名）村里死尸堆中。我亲眼看见长毛用尖利的长矛，刺入小儿的屁股内，高高举起，当作“鼓儿灯”玩。到了黑漆漆的夜里，地上躺着无数的死尸，都睁开固定的眼，张着口，露出雪白的牙齿，呆呆地望着黑暗的天。有时从别的尸体上流过许多的血水来，一点一滴地都滴在他们的脸上或身上，连衣服都湿了。有时远远地听见一二只饿狗怪叫的声音，或是微微的哭声呻吟声。这里四周只有恐怖。——虽是这样，总觉得比较遇着长毛吃惊的好。我和我母亲底意思，都是这样的……

周三爹讲完了，把背上搭着的汗巾扯了下来，擦擦额上底汗，又揩揩胁下窝；抖了一抖，重复搭在背上，只管斜着两眼，望着王跛脚微微地笑，仿佛是笑他没有这种阅历似的。其实，他自己哪有这种阅历，只不过听见他母亲说罢了。

王跛脚哪里能受这样的轻视，当时把他摸了一摸脚丫的手，向着他底跛脚一指。大家底视线，也就随着他底手指，看到他的脚背。他说：

你们看！我这只脚是怎样的跛的呀！脚背上里头穿了洞，不是还没有生好的吗？——我想现在当兵的，比长毛还要狠千倍呢！我的大大（黄冈人称父为大大）不是七十八岁么？那里县里拉夫，那些兵要我大大和我去抬担架，我妈和我妹妹都跪着哀求他们。他们气了，三拳两脚把妹妹打倒在地；两个兵余怒未息，上前来活活地按在地上要……我妈急了，伏在我妹妹身上，想去救护伊。那些兵说：“没脸的老牛！你也想来吗？”我大大和我只好答应去，哀求他们才把伊们放起来。我妈哭着送他们。一个兵把伊向屋里一推，倒扣了门，又一个兵跑去提了些洋油来，一把火，房子燃起来了。他们又打着我们走，走不到一里地，大大死了。他们说：“不爱国的东西，应该这样死！”——我哪里敢抗拒他们！把他们的担架未抬到，人也饿死了，累死了。后来我要回来，他们要在我脚上做个记号，把有刺刀的枪，刀朝下，枪尾朝上，从我脚背刺进去，一直刺穿了，枪口抵住脚背，把我钉在地上。许多的兵，只是围着我笑；又一个兵，他要我把枪托下底机关一扳，可怜我是疼昏了！那里晓得这是扳不得的呀！一声响亮，我是死了。——后来不知怎样到了洋人教堂的医院那里，脚诊好了，寻回家去。一村都烧光了。——

这是我们帮军队做工的报酬啊!

王跛脚说完了，周三爹不言不语。他心里想：这算什么残忍的事！我的经历多着呢！他就把他所见所闻的什么湖南、岳州、保定、高阳、河间、宜昌，各样兵变的事，说了一些；——王跛脚也觉得他所经历的是家常便饭了。

后来“夕阳会”底主席钟姥姥，他提出一个问题。

他说：“洪杨是为大明朝报仇，因为我们顺了满朝，所以才这样杀戮。现在的兵，是为谁报仇呀？他要我们顺哪个呀？好儿不当兵？兵是害人的吗？”

这一些问题，他们都觉得很有兴味，很应该讨论的。但是，这时天空，深深地被黑暗包围，四周非常沉寂，不知不觉已到半夜。他们也就散会了。提出的问题，自然明天“夕阳会”还要讨论。

(1921 年 8 月写于河南，原载 1921 年 8 月 27 日—8 月 28 日
北京《晨报副刊》 署名：负生)

湘鄂战争*

（一九二一年九月八日）

（一）

炮声隆隆！
鼓声冬冬①！
炮声歇矣鼓声终；
战士死矣，将军成功。
战士之死何足惜！
将军英名光史册！
战士！战士！
为谁而死？
将军之印大如斗；
战士之命贱如狗。
将军挥金如粪土，
战士粪土难入口。
哀哉战士！
生既无聊死亦丑！

---

* 湘鄂战争是湖南、湖北地方军阀的一场混战。1921 年 6 月前后，湖北开展“驱王（占元）自治运动”。湘军总司令兼湖南省省长赵恒惕，联络四川总司令兼省长刘湘，以“援助鄂省自治”为名，于 1921 年 7 月 20 日，正式决定出兵。7 月 28 日，湘鄂战争正式爆发，湖北军阀王占元战败，直系军阀首领吴佩孚取而代之。赵恒惕恐吴佩孚长驱直入，于 8 月底退守长沙，即请驻长沙英国领事出面调停。9 月 1 日，湘鄂双方在岳州举行谈判，2 日，签订暂时停战办法，12 日续订正式和约。其内容为：一、岳州、湘阴为北军驻地，惟行政权仍属湘省；二、保留赵恒惕湖南总司令名义；三、承认河南自治，如发生事变时，得由北军援助。至此，湘鄂战争结束。

① 鼓声冬冬：进军的鼓声响咚咚。我国古代作战，向有“击鼓进军”和“鸣金（锣）收兵”的惯例。

(二)

哭声震天，
水声匝地；
官军决堤①，
民军一败不可起。
人民之死亦多矣！
将军之功诚伟矣！
人民之死何足伤？
将军之功不可忘！
将军之功不可忘，
衡岳湘波②，
山高而水长。

1921年9月8日写于武昌

（原载1921年9月22日上海《民国日报》副刊《觉悟》 署名：负生）

① 官军决堤：1921年8月，湘鄂战争结束不久，直系军事首领吴佩孚又下令向湘军发起攻击，并于18日乘军舰到嘉鱼簰洲督战，下令决开武昌金口和簰洲堤防，以水淹湘军，并攻占了金口、簰洲和嘉鱼，湘军败退。但是，地方百姓却受到巨大损失。这就是历史上的湘直战争，它是湘鄂战争的延续。

② 衡岳湘波：南岳衡山和湖南境内的湘江或洞庭湖。

和平的死

（一九二一年九月十日）

当除夕底深夜，庭灯早已熄灭了。一片片的雪，随着呼呼的风，在空中飞舞，继续不断地落在地上。偶然一阵大风，刮起屋上底雪，沙沙地打在人家玻璃门窗上，一种自然的天籁，真非常好听。这时街上已断了行人，那些手提纸灯，沿家收账的先生们，早已回家去过他们底温暖而甜蜜的新年去了。但有一个老人，却在别人家檐下，红色窗幔底隙中，偷看人家充满了爱乐温和的新年。

老人名叫白眉阿大，是一个鞋工。他从三岁直到现在，四十年中，都可以说是灰色阴惨的生活。他四岁时，父母双亡，寄养在叔父朱二胡子那里。二胡子底妻，是牛屠户底娇女，是一个最厉害的管家婆。伊底性情残暴，简直把阿大当作一只被捕的小狗。阿大每天吃一碗残剩的粥，都是血泪和皮肉换来的。若叫他做些力不能胜的工作，不加鞭扑，那便是特别优待了。阿大在阴惨中慢慢地长大，他底叔婶也先后死了，他也就从此飘流了。但他心里想：这怕什么？哪里都有饭吃，自由自在地不是很快乐吗？

他二十三岁，飘流到汉口，做了一名铁路小工。不知怎的，因为偷了木料，捉到监狱里去，足足监禁了三个月。他却不以为苦，他觉得：“有吃有睡有教育，这不是安乐家庭是什么？”他因此便学会了做鞋的手艺；出狱之后，就安分做他底鞋工了。他与一间七尺见方的旧板屋，一张旧板床，一个三脚圆板凳，一副皮匠担子，亲亲密密，一直厮守了二十年。人世间一切幸福的事，他都毫无经验。他觉得世上底女人，不过代男子做个管家婆，每天洗洗衣服烧烧饭，男子给她些现成的茶饭吃吃，和他的叔婶一样，没有什么可爱的。

他又觉得他自己没有这样一个管家婆，很有些事不方便，常常有些缺望。其实，在他不过偶尔想想罢了，这算得什么！他底全副精神，仍旧注重在一锥一线上呢。

这晚正是除夕，他看见人家大鱼大肉买了过新年，他哪里能这样寂寞！他也照例去收账，归途腰里充满了铜钱，便买了一升炒黄豆，半斤落花生，四五两牛肚子，一小瓶黄烧酒，高高兴兴地一步一步走回家去过新年。偶然回想到挨打吃冷粥的时候，现在真是大大福气了。一面心里这样想，一面觉得到处都是乐境。正在想的时候，一阵风迎面吹来，送了些和平而幽雅的歌声，和平而爱乐的笑声来——抬头一看，原来面前是一间高大的住宅。临街一片草地，积满了雪；里面大玻璃窗上，障着绯红的窗纱。窗纱半启，房里点得通亮的灯烛，映着地上的雪，越显得十分光彩。他不知不觉自己站住了，从窗隙远远地望进去，耳边听得继续不断的歌声和笑声。此时他底人格突然变换，他底灵魂已经脱离了灰色人生，另入一个世界去了。

这间住房，可以说和平爱乐之窟。他略略一看，见那雪白的粉壁上，挂了几幅尺余见方的风景画，都是天蓝绒的镜框，越显出清白纯洁的美。壁里嵌了火炉，炉几上供了一个洁白裸体绝美的女神像；一个高台电灯，红纱罩，发出来的光，射在女神身上，桃红色的肌肤，几乎跃跃地活动起来。一个粉绽梅瓶，插了一枝半开的红梅，一小枝苍翠欲滴的松翎。两个肥硕而美丽的小孩，是一男一女：一个举起两只小手，擎着假铁枪，两个漆黑而活溜溜的眼睛，正望准了一个花板儿打去——打落了一只兔儿，那一个笑得跳起来。只见她背后垂着的双辫子，系的红蝴蝶结儿，也跟着她上下地跳动。一个靠窗弹钢琴的，是新式的妇女；一个长身玉立的少年，扶在她椅子背上，看她弹琴。琴声住了。新式妇女回头向他微微地一笑。他满脸充满了爱，也向她微微地笑。小孩子都来了，包围了他们底母亲。她低了头，唤了一声“小宝贝!”在各人额上亲了一下。这时房中只有和平、欢乐、爱情；门外底寒风积雪和灰色人生的老者，他们哪里知道，阿大真看得醉了！一升炒黄豆，不知怎的撒了一地，这时却醒了。黄豆算得什么?未来的幸福大呢！他心里这样想，一面冲风踏雪信步走了回去。

除夕过了，一转瞬元宵又过了。冬雪早已消融，和平的风，把一切阴郁、萧瑟、冷静、恐怖的景色吹得干干净净。阿大从此很安心做他底鞋工。他心里很快乐，他心里另有一个世界：世上一切底美，一切底爱，世界底一切，一切的世界，他都可以随意得着。有一天正是春雨连绵的时候，关了门没有一点工做。他把他底三脚圆凳，当着钢丝琴，自己坐在皮匠担子上，扶着圆凳，弹了一阵。他一样有美丽的美神，望着他很自然的笑；他一样有活泼小天使，在他面前，玩得快乐，几乎要飞起来。但他这种快乐的家庭，是从来没有人知道的。他只要沉静了他底心，默祝一声和平爱乐之神，他底快乐家庭，便在水深火热当中，也立刻可以实现出来。其实，他底儿女，也不尽是虚无所有的：凡是人家底儿女，他都当作自己底儿女，一般的爱。他觉得世上你我之分，很是愚笨。譬如本己一身，都不尽是我的；身外之身，身外底一切，哪一样又是我底呢？

皮匠店底右边，是一家教师住宅。这教师有一个儿子，每天早晨上学，是必要经过皮匠店的。那漆黑而活溜溜的眼睛，和肥硕而灵敏的身躯，都与除夕所见的小孩一样。他哪里能够不爱他！每日早晚上学和放学的时候，他必定诚诚恳恳去送迎。学校左近的人，每天必看见：一个七八岁的小孩，穿着白色童子服，蓝镶边，短裤子，戴一顶大草帽，背一个书包，东张西望，一步三跳地向前走。一个白眉毛的老人，额上皱纹叠叠，穿一身旧蓝布工人服，背着手，笑眯眯慢慢地跟着。有时日光烈了，他还悄悄地举起大蒲扇，遮着小学生底后脑。他们总以为这老人是小学生底家奴，其实小学生并不留心有这样一个诚实的家奴在他后面跟着。

春天和平之神，早已随着落花流水远远地去了。赤色的太阳，照在大地上，一切花草树木……只是炎炎地发抖。菱湖底荷叶、荷花、香蒲、芦草、菱花、菱叶，和一切的水草……都随着太阳底力量，一天一天地怒长。紫阳桥两岸底垂杨，早已成阴，随风慢舞，仿佛是流动的绿烟。黄昏时候，钓鱼人早已回去，湖上很是沉寂。偶然有些水蝇，撑起高跷一般的腿，在水上乱跳；但是用尽力量，并不能发一点声音，打破这沉寂的空气。这时，白眉阿大穿着笨重的鞋，从桥南一步一步地走来。湖边几只水鸭，听见人声，拍拍地飞向湖心去了。阿大抬起头来，从他底昏黄老眼中看见：湖头树梢上，挂了一钩新月；幽微的光，照在湖上，起了一片蓝烟；这一片烟光，笼照着碧油油的水，成了个天水相连的景象。老人心中不住地赞美：“哦！美呵！美呵！——白白的面庞，红红的两颊，翠色的衣襟，不是我底妻吗？——哦！知道了！伊向我微微地笑，伊向我微微地颤动，伊真充满了爱呵！——哦！知道了！我早晚是要来的呵！”老人这时起了一种不可思议的感情，他有生以来，从没有尝着这种愉快。他在家里弹圆板凳，在街上送迎小学生，像这样的快乐，是不能专美于前了。他想：“这不是夏天么？杨梅初出世了。——雪白纤纤的手，拿了红杨梅，送到微微含笑的口边，偶然露出整齐而纯白的牙齿，这不是很美么？”老人摸摸怀里，使他很高兴，他做鞋工的两百钱，还没有去买米，他便决定去买红杨梅。

一家水果店，堆了许多苹果、香蕉、杨梅等类，但是这不是穷人能够买的。老人走进店门，他们都很奇异；但他却摆出主顾底架子来，沉着脸向店伙道：“杨梅有上好的吗？怎样买？”店伙很冷淡地答道：“老伙计！你留了钱买红薯吃罢！这买不成的啊！”老人听了这不中听的话，他并不生气，他将怀里底两百钱，从从容容掏了出来，放在柜上，低声下气的说道："老板！二百钱，你随意给我几个罢！"店主很不相信他是真买，但不能不卖给他，只好在盘中选了七个小的给他。老人接着，高高兴兴地去了。走出门来，水果店底隔壁，是一家洋货店，玻璃柜里，陈设了许多装饰品。他想：这不应该买些么？我底妻女哪一样用不着？老人便迈步入门，举目四望，正在目迷五色，计算哪一样给妻，哪一样给女，——忽然一个人凶狠狠地走上前，把他往外面一推，一面说道："今天不是初一十五，没有打发的！"老人回头向他笑了一笑，心想：推我出去，也不中用；我所需要的货，已经由我底精神收买完了。老人步出店门，走回家去。刚到自家门口，忽然遇见戴大草帽上学的小学生。老人喜极了，从灰色手巾包里，拿出两个杨梅，亲亲密密地递与他。他漆黑的小眼，发出了不可思议的光，只是望着老人，不敢伸手来接。老人上前一步，把杨梅揣在他底袋里，两只老眼，笑得合成了一条线，一面向着他笑道："小宝贝！乖乖的拿去吃了吧！"小学生觉得奇怪，他急了，赶忙伸手，从袋里把杨梅拿出，向老人面前一摔，说："我不要！不要！妈妈不准我拿不认识的人的东西的！"一面说着，一面飞跑进他屋子里去了。老人只好痴痴地望着，半天，在地上拾起杨梅，回他自己的屋里去。但他并不失意，他以为他这儿子太娇惯了，因他娇惯，从此并且格外怜爱他。

从此过了几天，皮匠店底左右邻，总没有看见他打开店门，也没见他出来买米，以为他是病了。有几个好事的，便去敲他底门，问他要些什么。打了半天，没有人应。他们急了，把门板取下了一扇，大家争着进去看。只听见许多人，都发出同样的声音说："哎呀！不好！阿大死了！"这时惊动了许多人，他们看了都出来说："阿大死得奇怪！侧着身子，抱着一朵枯荷花，面前摆着七颗烂杨梅。——他不像是死的，面相很和平！微微地笑。"又有些人说："阿大是饿死的：肚皮连着背，像一个瘦而且干的腌鸭子；但他饿得笑，没有一点痛苦，这不是异人吗？"隔壁底教师，也来门口望了一望，也加上一个批评："抱花而死，雅人！雅人！"他们这些批评，都不过一刻功夫的事；再过一天，绝没有人提起白眉阿大了。——红纱窗里，依旧有和平的笑声。小学生依旧戴了大草帽，天天去上学。——但是他们每天纷纷扰扰，那些恐怖、阴惨、萧瑟、冷静……的景象，向他们四围来攻击。他们生的时候，不能随意得到一些儿美，一些儿爱；死的时候，更不能像阿大那样的和平与安乐。

写于一九二一年九月十日

（原载1921年12月《小说月报》第12卷第12号　署名：负生）

奴　　婢*

（一九二一年九月十四日）

一餐无食儿女饥；
两餐无食儿女啼；
三餐无食卖了儿女衣。

无衣儿身寒；
无食儿肚饥；
若要不寒又不饥？
除非儿女各东西。

卖儿作人奴；
卖女作人婢；
卖儿钱多少？
不及爷娘泪。
卖儿价如何？
不及柴米贵。

柴米有时尽，

---

* 这是一篇饱含着辛酸与痛苦写成的血泪控诉状。它用极其通俗、简练的语言和层层推进的手法，形象而深刻地揭示了中国半封建半殖民地社会被剥削被压迫的劳苦大众饥寒交迫、卖身为奴、妻离子散、家破人亡的悲惨情景，是对人吃人黑暗社会的无情鞭挞，对奴婢们的凄惨命运寄予了无限的同情，从诗人的心底里呼喊出奴婢们渴求解放的心声。没有深刻的社会洞察力和深切的生活体验，是难以写出这样爱憎分明和富有深刻政治内涵的诗篇的。这是一首自由体诗，是在以五四为核心的新文化运动的影响下，我国新诗歌创作的丰硕成果之一。它的发表距中国第一本新诗集——胡适的《尝试集》问世仅一年半左右时间，这足以说明《奴婢》的发表在武汉乃至整个中国新诗歌的写作史上所具有的历史地位。

儿女无还期。
爷娘倚门望[1]，
望望日已西。
奴婢何尝不想娘；
主人鞭扑不敢望！

一九二一，九，十四，负生写于武昌

（原载1921年9月23日上海《民国日报》副刊《觉悟》）

---

① 倚门望：靠着门望。形容父母盼望子女归来的殷切心情。《国策·齐第六》："王孙贾年十五，事闵王。王出走，失王之处。其母曰：'女朝出而晚来，则吾倚门而望。'"

婚姻制度底下的普遍哭声*

——悼何南山

（一九二一年十月十九日）

何南山，湖南人；是旅鄂湖南中学底学生。他以为无恋爱的牛马婚姻，为新人生的大污点；屡次请求家庭解除童养媳之婚约，父母不允，复迫令成婚，以此抑郁致病；病多日，不进医药，自愿以死争自由，家庭仍固执前议，乃于前日死。

“父母之命，媒妁之言”①，
婚姻制度，历代相传；
神圣不可侵犯的礼教呵！
你害死了多少青年？

何生！何生！
胡为而死？
中国从无自由神；
牛马婚姻分当尔。

缔结牛马婚姻何生愁；

* 这是一首控诉、揭露封建包办婚姻制度，抨击封建礼教，提倡个性解放、男女婚姻自由的政治讽喻诗，由一个小序和5节正式诗文组成，纪事与抒情并举，形式完整，内容充实，思想犀利，是20世纪初叶以胡适的《尝试集》为标志的新诗出版以来难得的战斗诗篇。

① 媒妁：旧社会为人介绍、撮合婚姻的人，女性为多，俗称媒婆。《淮南子·谬称训》：“媒妁誉人，而莫之德也。”“父母之命，媒妁之言”乃是对封建包办婚姻制度基本特征的概括，其本质是婚姻不以爱情为基础，而完全从门第、金钱出发，以父母的意志为子女的意志。这种封建包办婚姻是封建宗法社会制度和礼教的派生物，它以牺牲爱情、婚姻和家庭的幸福为代价，是造成社会悲剧的渊薮。

不能解除婚约何生病。
实践牛马婚约而何生死。
何生！何生！
胡不向社会大大地奋斗一场？
如此牺牲亦可耻！

朝请解除婚约；暮请解除婚约；
毕竟自由得不着。
父兮！母兮！不爱儿么？
天乎！天乎！胡为①而此虐！

我想一脚踢翻吃人的“礼教”！
两拳打倒多事的媒人！
请出生身的父母，
问他有没有爱恨？
他若果有爱恨，
又何必要做儿女的这样去牺牲。

1921 年 10 月 19 日写于武昌

（1921 年 10 月载于上海《平民报》第 4 期　署名：负生）

① 胡为：胡：何。胡为即何为、为何之意。

盆　花

（一九二一年十一月四日）

花园底工人，正在继续不断地工作——许多红红紫紫、黄黄白白、深深浅浅的菊花，一丛一丛地从篱边地上锄起来；三枝五枝，剪了骈枝复叶，分配得长短均匀，移种在盆里。又恐怕花枝倾斜了，便用些竹签儿去扶持彼，死死地用铁丝缚住。花上底露珠，因它摇动，簌簌地同眼泪一般滚了下来。——不久，工作完毕了。园里晓风初日、朝露清香的景致，一程一程地变成过去；枯燥的秋阳，缓缓地移向中天。盆花底清香也灭了，泪珠儿也干了。只有篱边不中选的瘦菊花，还是很自然地开着。

过了一天，一个绅士，大模大样地走了来，一脚跨进园门，左顾右盼，十分得意。花园老板，弯着腰，恭恭敬敬，走到绅士面前，请问他光顾些什么。绅士举起行杖，指定了几盆上好的菊花；花园老板，向他说了很高贵的价钱。但是他，只在鼻子里哼了一声，毫不迟疑地照价付了。他那种挥霍态度，仿佛要说：“这算什么！连许多人底生命，我都有能力可以买呢！”花园老板接了价，仔细望了望绅士几眼；叮！叮！将洋钱敲了几下，收在衣袋夹层缝里。回转身来，将所有指定了的花，赶忙搬在花担子当中。他太高兴了，手脚忙乱，连花苞花叶，都碰落了一些。绅士气了，举起行杖，将他打了几下，便开大步走了。但他对这些花，仍不爱惜；对于挨打，也不羞辱。他觉得：“得了钱，无论什么事都算了罢！”

又一刻，许多的花，到了绅士家里。他家是高楼大厦，比竹篱茅舍的花园，又自不同。小小的庭院，四周都有高墙，把青天都遮住了。若要得到晓风初日，当在平常秋阳中天的时候。——菊花初到的几天，没人去理会它。后来绅士忽然请了一桌客，说是专来“赏菊”的。酒到半酣，一个短颈脖肥胖的绅士，陡然走到庭前，低着头，伸出巨大的手，将那些纯白而肥美的菊花，采了许多，笑嘻嘻地转身入席。席上已经架起了一个大铜锅，酒精灯底火，发出绿色的火焰，烧得锅里底汤，只是喳喳地响。绅士将花瓣剥下来，继续不断地抛在锅里；又由这沸汤，发散出浓厚的荤腥浊气来。八个“老饕”的客，张开大嘴，狼吞虎咽地饱吃一顿。内中有一个灰色委靡的老绅士，他吃得最多。他常常向人作干笑，说他自己是“餐秋菊之落英”。别人也都称赞他是“雅士”。

过了几天，绅士又请了一回客，纯白而肥美的菊花，继续被他们吃完了。还剩下些残枝败叶，缚在竹签儿上，仿佛像战场白骨，向空中撑住。那些红、紫、黄的，没人理会，在枯燥秋阳中“苟延残喘”地也开残了。那花园里竹篱边底瘦菊花，还是很自然地开着么？这却没有人能知道。

1921 年 11 月 4 日写于武昌

（原载 1921 年 11 月 7 日《民国日报》副刊《觉悟》　署名：负生）

木 芙 蓉*

（一九二一年十一月十六日）

木芙蓉①，
红灼灼；
今日颜色犹如昨。
今日之花今日开；
昨日之花尽枯落。
寄语看花人：
“管他什么今日与昨日！
管他什么荣华与枯落！
你只在这黄叶秋林中，
看取伊们②底颜色，
天天是一样的红灼灼。”

一九二一，十一，十六，在武昌

（原载 1921 年 11 月 28 日上海《民国日报》副刊《觉悟》　署名：负生）

---

* 这是一首抒情小诗，它抒发了作者对大自然新陈代谢和青春旺盛生命力的赞美，也是一首革命的誓言诗，富有深刻的象征意蕴。

① 木芙蓉：木本花卉，俗称芙蓉或芙蓉花。秋天开出白、黄或淡红色的花。

② 伊们：它们。伊，即彼、他。白话文运动初期曾作“她”字用。这里的“伊们”代指众多的芙蓉花。

随 感 录

——对于学生游行的感想

（一九二一年十一月）

欧战告终，和会开始的时候，曾经有一次学生游行运动。“五四”、“六三”，也有同样的学生游行运动。这都是爱国热烈的表示。

和会席上，中国得到了什么胜利？“五四”、“六三”打得学生皮破血流，落花流水。在国民有什么映［印］象？政府有什么觉悟？我们若是回头一想，不是觉得我们的游行，是“多此一举”吗？今日太平洋会议开幕，学生们又有同样的表示。这回的热烈，尤超过往常。在学生方面，自然可敬。但是，我们对于太平洋会议的内幕，也不可不知。我来简单地说几句话：

太平洋会议，就是英美日瓜分中国的会议。开放门户，就是自由到中国夺取富源；保全领土，就是把空壳留下来利用那班中国的政客、军阀，做他们的账房和监工者，专来搜索农工的利益作他们的利益；机会均等，就是打算来均分中国的财富。将来会议终结如何，我们可以不问，他的作用，不过如此。那么，学生遥问运动的结果，又是白费力气。

（1921 年 11 月，载于《武汉星期评论》第 33 期　署名：FS）

通　　信

答 K. S. C 君

（一九二一年十二月十三日）

K. S. C 君：

来信看了一遍，我的精神上所受刺激很深！（沉吟半晌，如有所失。）我想你草此信时，（怨）（愤）填胸，当非局外人所能测其万一咧。然事已至此，非“口舌”之争所能补救，更非一人之力所能挽回，尚望贵同学以“不屈不挠”的精神，为（再接再厉）的奋斗！宁可为（真理）的牺牲者，不可为（强力）的征服者。（教育前途，黑暗万丈），要想将来放一线的光，全仗着有觉悟的青年共同努力！

你所提出的九个问题，都有讨论价值。他的答案强半散见于本评论改组后各期，无需再为词费。且愿将此种问题，留待爱读本刊评论诸君从长讨论，故本逐条作答。不知你以为如何？顺祝学祺！

十，十二，十三，本社

附：K. S. C 君致《武汉星期评论》记者函

记者先生：

我向来没有同你会过面的，也没有同你通过信的，这一次——第一次——冒昧要同你商量几个问题，请你要宽恕一下！

我是师范学校的学生，去年才进去的。我在乡里的时候听说它——师校——怎样办得有精神，所以我决计来考。哪晓得进校后，种种情形，都不是我所料及的。那个时候，我便存个怀疑的态度，无奈压力太大，而且我又是一个新班学生，所以还没有什么大反对。

今年下年，校长去职，同学推出他来代理（老实说来，哪里是同学的自动呢），满望他就职以后，定有一番大建设，哪晓得直到于今，两三个月，说起来真是痛心呵！

他就职的时候，承认我们的条件，第一是（校务公开），第二就是（聘任教员须得学生的同意）。我们这次发生了事故，他不但不实行条约，并且变本加厉，什么（笼络）（敲诈）（威胁）种种不公的手段，无所不用其极。一班人说，当局者迷，我今日才晓得不错。——我并不是故意攻击他的坏处，但是我相信这确是研究教育学和心理学的好材料。

我们发生了什么事呢？

我们这一班，原来是选修英语科，所以功课上，都以英语为主体。那么，对于英语教员，应该严格的聘任。我们同学的程度——英语——是很齐的，想学习英语的心理，是很切的，独是我的一个英语教员，太不平心了。

每周原只教我们四小时，但他每日的第一时，向来不到的（没有起来），上第二堂的时候，他才来，什么吃烟呀，用点心呀，延延展展，又要费大半点钟。所以，名说到了，也是等于不到。上了讲台以后，就摆起议员的臭味来了（不仅只摆议员式），拭拭鞋，摸摸脸，费了四五分钟，才开开口来讲讲，不到三句，又要休息五分钟了。所以上星期，他教给我们的成绩，统计只一句：Language is thought expression in words。每讲一句，就要在黑板上写一遍，也就要注一遍音符，像那 is，no，cat，son，tense 等字，直到于今，还没有一次不注音符。

先生呀，要是这样的精细，我们要字典做什么？要自修时间做什么？他的罪恶说不了，我现在且把他归纳起来就是：

废时，昧于教法，不能供给学生求知识的欲望，并且暗示学生一种不规则不适应的习惯。

这种不良的教员，我们若是不驱除吗，那真是失了（学生本位的）意义。所以校长入校的时候，我们就同他交涉。他那时答应我们是：待我查明真相；过了一个礼拜我们再去要求，校长又答应我们，且待劝告无效再议。到了上礼拜，我们再去报告他的一星期只教六个字一句的成绩，校长便含糊起来了。我们那个时候，就晓得校长靠不住，就要破裂，再想或者经此劝告，多少发生一点效果。哪晓得这个星期，他又循起他的老例来了（六个字的一句都没有）。我们想，像这样的教员，没有他，不过只少上四堂，有他这样的行为，反引起我们的恶念。经过几次劝告，校长既无诚意，自没有转弯的余地，所以最后的一堂，我们就不得不使出这最后的法子来了。

破裂了以后，他竟做起势来，向校长理论（他个人的理）。做校长的，第一步不得学生的同意，私徇情面；第二次经劝告后，又不能处置。到这个时候，反要压迫起来。召集我们的时候，不问我们的理由（其实我们的理由，他都晓得，用不着再说），开口就是："受人运动，故意与我为难。我的办法，一是开除主谋者，二是解散英语科。现在你们可以实说，有没有别的意思发表。"他就按名问，只要我们答应一个"有"或者"没有"。我们当然是本良心上的主张，除反对某教员个人外，别无用意。有几位同学多说了几句情形，他就大呼不要多说（好专制呀）。到了问过大半的时候，他就说："好，好，你们多数人说没有别意，可见实系少数人指使（我们说没有别意，是说除排某教员外，别无他的——受人运动——意思，他竟曲解，可恨亦可笑）。现在你们速派代表去某先生处道歉。"可怜我的同学，都被他诈住！我的班长，就去受他的条件了！

那位教员，当道歉的时候，自然要摆议员架，只有我的校长、班长，忙个不了，说了三四个钟头，才答应上课。现在由教员方面得来消息，说他还要开除五个学生。

记者先生，这都是实情，没有一字扯谎。我说到此处，就要问你：

一、校务应不应公开？

二、聘任教员，应不应须得学生同意？

三、教员对于学生很热心的功课，当怎样的教授？

四、学生对于废时昧教法的教员，应该取个怎样态度？

五、校长得了学生要求改聘的消息，当怎样办法？

六、排抗上列的教员的学生，应不应除名？

七、已办的选科，应不应以排教员的原故，去实行解散？

八、因此事除名的学生，该怎样？

九、你对于我们的批评，并善后的法子，有何意见？

我对于你，虽是初交，但是我爱你的热忱，可以在我爱读《星期评论》[①] 上发现。这都是教育界研究的好资料，请你不要拒绝我！

师范学校的一个受屈学生 K. S. C

十年十二月十日

（原载 1921 年 12 月 17 日《武汉星期评论》第 37 号）

① 即《武汉星期评论》，类似情况后不赘述。——编者注

挽私立武汉中学某数学教师*

（一九二一年）

天不假年，临死惨书三错字；
人如可作，再生珍重百年身。

（据全国正：《桃李拳拳话当年——谢甫生回忆私立武汉中学谈话追忆》，载《武汉文史》1994 年第 1 期）

* 私立武汉中学某数学教师，三十多岁，因身患沉疴，无力医治，悲观厌世，常用各种办法折磨自己，使身心受到严重摧残。临终前他终于醒悟，悔不当初，于是用颤抖的手一连写了三个“错”字，闭目而去。1921 年在该校兼语文课的作者黄负生，十分同情和怜悯这位同事，故即兴书写了这副挽联悼念他。

致 友 人*

（一九二二年一月十四日）

朋友们！

唉！这样的社会，这样的环境，杀人的利剑四方八面密如雨点似的向我刺来；我的一颗心儿被彼刺碎了；我底脑子被彼搅翻了；我是已经无抵抗力的了，可怜我是失败了！

朋友们！我是失败的人，我可不是投降环境的人呵！所以我宁愿这样——死——我是毫无怨艾的呵！

哈！哈！我可乐极了！得大解脱，除去一切烦恼；“盖棺论定”；从此是“和平而安乐”的善人；诸君未必能及我吧！

但是死后一切“和平与安乐”，又值得说什么！我毕竟是失败了的人！你们底希望，确实比较我多些，因为你们底身体都较我好；你们底学识与能力，更比较我好；你们底境遇也许比较我好；推翻现制度，建设新社会，除了诸君，还有谁呢？我深望诸君切实负起这重担子，向着腐旧而万恶的社会，勇猛地开放九十九生的大炮大大地轰斗起来。我知道你们必能成功，因为你们是有这种希望的人。我是失败了的人，只好瞑目地下，遥祝诸君的成功！

十一，一，十四，负生绝笔

（原载1922年5月15日上海《民国日报》副刊《觉悟》）

---

* 这是黄负生致中共湖北早期党组织的一封绝笔信。

致刘子通*

（一九二二年一月十四日）

子通[①]兄：

临死前最后的一刹那，不能忘情于宏济[②]，他母只是一个能操作的女子，却没有一点教育才；所以我死之后，宏济必失学；并且或成一个极坏的人。我现在将宏济托与你，一切教养，均要你一人担负；他便算是你底儿子了。他将来不必姓黄，竟从你姓刘罢。你若是要打破这宗法制度，就随便要他姓张姓李均可。总之：你要可怜他是社会上一个可怜而可爱的孤儿，你不必当作负生底儿子罢了。

小女宏世[③]，伊母要送与人。送与人做小媳妇，我不愿意，若送与人做女儿，也未尝不可。这都请你留意观察保护！

我底亲戚朋友，都不愿意我底行为，我是他们所谓大逆不道的人，我是被众人屏弃了的。你们几人不帮助我保护这可怜的小儿女，渠们便失所依附了。这些事情你和陈潭秋、包惠僧商办。

---

* 这是黄负生致刘子通的绝笔，也是给妻儿的遗书。

① 子通：刘子通（1885—1924），湖北黄冈（现黄冈市团风县）人。早年留学日本，加入孙中山领导的同盟会，1911 年参加辛亥革命。1921 年由陈潭秋介绍加入中国共产党。曾在湖北省立女子师范学校任教，在学生中积极宣传反帝反封建思想和马克思主义，影响颇大，不为校方所容，1922 年春被解聘。女师学生为此爆发学潮，同年夏遭军阀政府驱逐，被迫离开武汉赴北京。后因生计艰难，肺病日渐严重，1924 年 3 月在黄冈家乡病逝。

② 宏济：黄宏济（1917—1993），黄负生的长子，后改名黄钢。为当代著名报告文学家、电影剧作家，优秀的新闻工作者、政论家、评论家。著有 250 万字的《黄钢文集》（六卷本）。

③ 宏世：黄宏世（1919—2014），黄负生次女，后改名黄铁。当代女作家，解放初期曾任武汉市文联副主席、党组副书记，后任云南省文联主席，《边疆文艺》杂志主编及云南省文化局党组书记、局长，国家民族事务委员会文化司副司长兼中央民族大学少数民族文学艺术研究所所长，领导和组织了撒尼族长诗《阿诗玛》的发掘整理。著有《黄铁文集》（上下卷）。

又，吾妻拟属其改嫁，请你们劝导！

十一，一，十四，负生绝笔

（原载1922年5月15日上海《民国日报》副刊《觉悟》）

遗　嘱

（一九二二年一月十五日）

一、我死后，尸体焚化；骨灰任意投置何处。——如万不忍抛弃，则骨灰可以坛盛葬吾母墓旁，吾母坟，在洪山狮子山街街头李仁山山主——不必另殓新衣等等。更要避去择期安葬开吊等恶习。

二、刘汉生表兄、龚念澄表弟暨龚君姑母，渠们对于我读书上学，帮助极多。我不能稍有报答！此种感愧心思，临终的一刹那，犹萦绕不忘！二十年事事不如我意，只好徒呼负负而已！

三、吾妻纯素，不必守节，可任其意志自由恋爱改嫁；或受其父母之命，另用媒妁式改嫁；望戚友向伊好言劝导。我无遗产给伊，若伊不能觅独立生活，势非嫁不可也。更望吾妻勿为旧礼教所缚束！

四、宏济甚聪明可爱。我死后必失学；我特将宏济托给刘子通先生教养。以后成人，宏济姓黄姓刘姓张姓李，我家一概不问。子通先生也不必以宏济为负生之儿子而教养之，只可怜他是社会上一个可怜的童子罢了。

五、吾妻若十分不愿改嫁，也不愿归宁父母，就请同人帮助，为伊觅一生计独立之路。伊能缝纫，若租一间小房子，多介绍点生意，或者伊还可谋生。能帮助伊学一种工艺，则更妙矣。

六、朋友中徐禹声——广州前山北岭乡——帮助我极多；其次彭晴川——宜都县劝学所——我在危难中他曾借给我官票——五十串，至今未还。请同人代我写信，说我临终最后一刹那仍然感谢他俩！

七、我此次大病，包惠僧、陈潭秋、刘子通及诸同志，照拂我较亲手足情分尤为浓厚。仍恳诸兄于我未了事代为收束！

八、赠：郑凯卿《觉悟》十册，刘子通《胡适文存》一部，包惠僧《绝妙好词》一部，陈潭秋《吴虞文录》一册、《明末四百家遗民诗》一部，聊作纪念。

九、我有一本小说及诗稿，是从报纸上剪下来的，贴在《商务印书馆图书汇报》上面。请子通在女师收回。并请子通去留修改，赠给宏济，使他长大看看，也可作为纪念。其余文言诗词、《民报》之稿，都无可取，可一概焚之。

十一，一，十五，负生

（原载于 1922 年 5 月 15 日上海《民国日报》副刊《觉悟》）

附录

负生底病——死

（一九二二年五月七日）

致负生于病——死的缘因是什么？

负生是一个无产阶级者。他死了将近一月，《武汉星期评论》为追悼他，特出专号。我想这期的文字，大概关于忆他、吊他、哭他、叹息他……的一定不少。但我觉得这些忆、吊、哭、叹息……除了表示悲伤的感情以外没有多大益处；我并觉得致负生于病——死的缘因，却很值得我们考察，很值得我们注意。

负生底先人，原籍是安徽休宁县，他底父亲宦游到此，才入了湖北籍；但是因为宦游，没有固定的生活，遂落在无产阶级中去了。负生对于家庭的责任就一天一天大起来了，——父母在生的供养，死后的丧葬，及妻儿的负累。他以一身的劳力供给这样浩大的消费，他底身体，也就慢慢地衰弱下来了。这是他致病的始因。

他底身体虽然日渐衰弱，可是他受经济底压迫也日甚一日；他所处的是“不劳动就不得食”的境遇，所以不能不卖尽气力，做一个“每日十多点钟的工”的工银劳动者。他底病也就因此种了很深的根。

去年十二月，他底病像，很明显地表现出来了。但他还是日无暇顾地工作；我记起他在病中同我谈的一段话，不由我不发指，不由我不痛恨现社会底经济组织。我见他底病日见沉重，劝他休息；他说：“休息么！我何尝不知道！但是我底生活能让我休息吗？我能够捆着肚子休息吗？我底妻子能让我休息吗？我能忍心叫渠们啼饥号寒让我休息吗？唉！一个无产阶级者，连害病的权利，也被剥夺去了呵！”我劝他医治，他说：“我也知道，我并且知道医治的方法，但是我没有医治的可能；医治的方法，不外休息、调养两种，我底环境既不让我休息，还说得上调养吗？”我们看他受的压迫是怎样？

他底遗书中叙他底死，叙的很精确；他说：“唉！这样的社会，这样的环境，杀人的利剑四方八面密如雨点似的向我刺来……我是已经无抵抗力的了，可怜我是失败了！朋友们！我是失败的人，我可不是投降环境的人呵！……”

他在生的时候常说：“我像这样受各方面底压迫，尤其是经济底压迫，不知道几时才得解脱呵！”他底遗书中又说：“哈！哈！我可乐极了！得大解脱，除去一切烦恼……”我们由此也可以看得出他死底缘因来。他是一个硬汉子，他是一个不愿意苟且偷生的硬汉子。我们想想，假如他要变了节，与旧社会妥协起来，做资本阶级底附属物，安闲，愉快……他未必壮年致病吧？未必病了还不得休息，不能调养吧？惟其他不如此，所以他竟然死了！

我现在把致负生于病——死的缘因总括起来：家庭的负累是他致病的缘因；过度的劳动是他底病深沉的缘因；病了不得休息，不能调养，是他一病不起，得大解脱的原因。但是家庭的负累是社会经济组织不良底表现；过度的劳动是劳逸不平均、享受不平均底自然结果；病了不得休息，不能调养，更是直接受了经济的压迫。我再把这几层原因归纳起来，可以得出一个简单的结论：“致负生于病——死的缘因是现社会的经济制度。”

我们已经考察得“现社会底经济制度”杀了负生；我们若再不设法将彼根本改造，那么，同负生一样的人还不知有多少，都非继负生被彼杀尽不止！那么，我们真不胜其追悼了！那么，我们今天追悼负生，也就是没有意思了！

（原载上海《民国日报》副刊《觉悟》　署名：潭秋）

黄负生同志传略

（一九五五年三月二日）

黄负生同志原籍安徽，其先世宦游湖北，寄住武昌甚久，遂以为家。少孤苦，依其太夫人以针线纺织之资抚养成立［人］。太夫人承先人遗教，以勤俭治家，以诗书课子，家教谨严。

负生同志赋性孤僻，好学深思，寡交游，不轻言笑。在童年时，天资甚高，读书能过目成诵。少长治古文词，所为奇文有奇气，为师友所称道。

负生同志为一穷书生，弱冠即以教书与卖文为生。五四运动中，负生同志在私立汉口致忠公学及武昌私立中华大学任教，参加武汉学生与教职员的爱国运动。在汉口总商会举行的各界联系会议上，我们才认识。他长于写作，在五四运动中武汉方面所发出之文电及宣传文章，多出于负生同志之手。在文学革命的运动中，在武汉方面，负生同志尽力独多。

负生同志的思想，最初信仰无政府主义，与恽代英等同志常相过从。在新文化运动中，武昌横街头利群书社及察院坡的时中书局，为新文化运动书刊的发行所在，新青年社出版的刊物也在这里发行。凡是武昌进步的学生、教职员及青年工人，都以此两处发行的刊物为精神食粮。负生同志也同其他同志一样，接受了《新青年》与《共产党月刊》的影响，思想逐渐转变，由此致力于马克思、恩格斯从空想到科学的社会主义的研究。负生同志与陈潭秋同志的认识，是在时中书社同去阅读书报开始的。陈潭秋同志时在涵三宫武汉中学任教，负生同志住在粮道街，因为都是常来往于察院坡、横街头浏览书报，同来同往，由认识而过从，而深交，黄负生由此而参加了陈潭秋同志在内的武汉共产主义小组。

湖北教育界，向为两湖经心书院派所把持，学宗孔孟，思想顽固，后进之士如非出其门者，不能任教任职于其间。负生同志无宗派关系，故其学问、文章虽为士林所称道，而不能在公立学校插足，各私立学校又多为政客、市侩把持，工作繁重，待遇低微，故负生同志每日工作极忙，而生活极苦。

1921年，在我党第一次全国代表大会之后，秋末我奉中央之命第二次回武汉区工作，我同陈潭秋同志、黄负生同志当选为区党委（领导）。我们的分工是：我任书记，黄负生同志任宣传工作，陈潭秋同志任组织工作，设机关部于武昌黄土坡16号（记不清楚，或者是26号，不过房子的形式、部位我还记得）；当时，我们的党、团及中国劳动组合书记部长江支部均设于此，其他如武汉星期评论编辑部、马克思学说研究会、妇女读书会，也均在此办公。因为当时我们党的经济力量有限，除了我已成了一个职业革命者以外，黄负生、陈潭秋、刘子通、陈荫林、李汉俊诸同志都是一面教书，一面为党工作，只有项德隆（项英）由党开支最低限度的生活费（每月支15元）。我们的经济力量不可能把办公的地点分做成2处或3处，如果在工作中超支了经费，我们3个人须在自己的生活费中节省支出，以补其不足。

在这些人中，我们当时都是“光杆”，只有黄负生同志是妻子儿女齐全，因此，负生同志的夫人王纯素女士，就成了我们机关部的主妇，她不仅管我们的饭，料理机关部的许多事务，有时，还为我们洗衣缝补。潭秋同志的八弟陈荫林同志在湖北省第一师范学校任教，也同我们住在一起。此时，他还没入党，他算是纯素的助手，纯素管钱，他管账目。王纯素女士很能干，也学会了文化，她与负生同志伉俪甚笃，负生同志也和李达一样，常称自己的爱人为“半个人”。我们叫她做贤慧的“嫂嫂”，负生的许多进步学生，现在的老共产党员，则叫她“黄师母”。

1921年夏季，因李汉俊、刘子通的推荐，负生同志兼任女师国文教员。负生同志之教学方法与所作文稿，均为进步学生所信仰。我们的党在女师学生中得到发展，女师的革新运动中，把经心书院派老顽固女师校长王式玉打垮了，我们吸收了12个学生入党。这12个学生能说、能写，并善于斗争，顽固派视为“洪水猛兽”，她们在妇女运动中与学生运动中，已成为我们的生力军。这12个人有夏之栩、袁溥之等同志，她们当时都是活泼天真的小姑娘，现在都称她们“老大姐”了。当时，她们常来我们的机关部，她们的思想受负生同志的影响很大，同负生同志来往很为亲近，是在党的教育下成长起来的。

约在1922年1、2月之间①，湖南黄、庞惨案发生，毛泽东同志受反动军警的压迫，到武汉避难，即住在黄土坡长江机关部。负生同志已在卧病中，毛泽东

① 此处有误，应为1922年2月。这年2月，毛泽东“为黄爱、庞人铨被害事赴上海组织反对赵恒惕运动。途经武昌时，在黄土坡二十六号中共武汉区委机关停留一周多”。见《毛泽东年谱》（1893—1949）上册，中央文献出版社2013年版，第90页。

同志曾到负生同志的病榻前问询过他的病情，并谈及有关宣传工作的问题。假使负生同志不死，看到今天的局面，并回忆当时的情形，应该感到如何的欣慰啊！

《武汉星期评论》初为陈潭秋、刘子通、李汉俊等所发起，原为中学以上的学生及教职员的读物，主要是宣传新文化，传播新思想。1921 年冬由武汉区党委接办，由黄负生同志主编。内容是宣传政治运动、文化运动、学生运动、劳动运动与妇女运动，为武汉党惟一的一个新思想新形式的精神食粮，销行甚广。负生同志的诗文也为《武汉星期评论》的一部分主要内容，为读者所称颂。该刊在领导当时实现进步思想的浪潮中，起了很大的作用。

负生同志体质素弱，工作又忙，生活又苦，于 1921 年冬患咯血症，咳嗽甚剧。我们劝负生同志请假休息，负生同志不听。寒假前，在中华大学开教职员会议时，因《武汉星期评论》登载了武汉学生来函揭发该校当局营私舞弊的情况，校长陈时污蔑负生同志应负破坏该校名誉之责，并要负生同志交出投稿人的原稿，以便追查责任。负生同志以言论自由，编辑人员不能交出原稿，也不能负任何责任相回答。陈时即采取居高临下、盛气凌人的态度，破口大骂，负生同志也予以反驳。但因当时陈时的爪牙甚多，把负生同志带轰带劝地推出了会场。他回到家中，两眼发直，面色发青。当时，他把陈潭秋同志同我找到他的房间里，谈到他同陈时冲突的经过及被推出会场的情形，他的脸色由发青到发红，一时咳嗽与气喘同时发作起来，当时即吐出几口鲜血。当天一晚没有睡着，第二天早晨没有起床，从此，他就病倒了。经过了中、西医的诊断，认为他的肺病很严重，应该作长期的休养。但是他是不能作休养的打算的，因为他不工作，我们党的工作就会受到影响，同时，他们一家 4 口就得饿饭。

经过一个多月的调养，他的病有好转，已经起床了。我们到他房中去看他，他把病中所写的遗嘱给我们看，我们才知道他是没有任何亲属任何可以依靠了的人。他把他的妻子王纯素及儿子宏济（即黄钢）、女儿宏世（即黄铁）托刘子通、陈潭秋和我照顾，并嘱王纯素不要“守节”，不要耽误了青春。他的病虽然很沉重，但是他还只有 30 多岁，我们总以为他的病是会逐渐好起来的。……不料病势一天沉重一天。我们看到没有办法，才送至武昌昙华林仁济医院医治。他在医院住了一个多月没有好转，约在三月初在医院病故，时年才 31 岁，王纯素夫人才 26 岁，宏济才 4 岁，宏世才 2 岁。现在黄钢、黄铁同志均能继承父志，同为名作家。他兄妹二人的天才性格颇肖乃父，可谓后继有人，负生同志亦可以告慰矣！

（此文系包惠僧在 1955 年 3 月 2 日应吴德峰同志的邀约而写的文稿）

名城之鹰

——黄负生传

（一九九七年八月—一九九八年六月）

一 武汉！这座历史名城

你知道武汉这座历史文化名城吗？你见过这座具有光荣革命传统的英雄城市的形象吗？三千年前，这里就是楚国的发源地。早在二千五百年前，三镇鼎立的形势就已形成。龟蛇二山雄峙大江南北，武昌依江，古名“鄂渚”，称为江夏。汉阳依山，古名“大别”，相传大禹在此治水。汉口依水，古名“夏汭”（这里指汉水曲折入江处）。公元 220 年，孙权从公安迁都入鄂，始改名武昌。也因为“武昌”的“武”和“汉口”、“汉阳”的“汉”，而构成“武汉”。

三镇位于长江中游，素有江城之称，雄踞中原腹地，号称“九省通衢”，从三国到南北朝都是兵家必争之地。

武汉类似一切大城市而又不同于一切大城市。它除了是鱼米之乡外，还有一条健壮的母亲大河，以奔流不息的长江浪花，养育着一代一代英雄的儿女而立足于广袤的中国大地。武汉以武昌鱼、洪山菜薹、雪白的莲藕闻名，更以那名满天下、具有神奇色彩的黄鹤楼而闻名于世。它是座革命之城，无数革命先驱迎着时代的风暴在这里激流勇进。他们就这样生活着、反抗着，迎接着一场场暴风雨的来临。

19 世纪末 20 世纪初，中国是贫穷、动荡和不安的，也是革命的。20 世纪世界最伟大的历史事件之一就是中国革命。这场波澜起伏、持续近百年的革命，给各族人民的命运带来深刻的变化。这一代一代的知识分子和革命先辈们是怎样走过来的呢？他们的路、他们的理想和情操、他们的探索和追求——实现了的和未实现的，对于下一代都是最好的启迪和教育。将这些统统撒在大江两岸和三镇的大小角落，这使武汉人感到骄傲：“你看！辛亥革命就是从武昌城开始的！从我们这里打响了第一枪，迎来了民国！”“你看！那不是阅马场的红楼吗？革命军就是从那里进攻的。”

这是个探索者的时代。他们不是一个，而是一群。一群雄鹰在蔚蓝色天空展翅翱翔。鸟瞰三镇，一片苍翠。它的周围，是富饶美丽的鱼米之乡——江汉大平原，万里长江，烟波浩渺。经过辛亥革命洗礼的武汉城市，虽然一度喜气洋洋，但不久又陷入北洋军阀的统治之下而兵荒马乱。它看起来匆忙而急促变幻、疏懒而没有生气。他们欢天喜地地迎来了民国，后来就死气沉沉了。军阀的割据和混战，使中国的先进分子沉浸在极度的苦闷和彷徨之中，原来的幻想破灭了，使他们感到愤怒，产生了反抗。

由于帝国主义和封建军阀贪婪的掠夺、搜刮和破坏，这里不过是个帝国主义倾销洋货和廉价搜刮中国物资的口岸。这个被称为“九省通衢”和工商业繁荣的城市，被深深地印上了半封建半殖民地的烙印。在汉口沿江的地方，竖立着太古洋行、亚细亚银行等官僚买办资本的仓库和码头。除此之外，这个城市根本没有像样的工业，实际上已是一座破烂不堪的城市了。

在这个通衢闹市里，住着的政府官员、军阀和他们的太太、小姐和公子哥儿们，坐着黄包车，神气十足跷着腿，嘴里叼着香烟，让黄包车工人横冲直撞地在大街口拉着奔跑，向行人直喊着：“让开！让开！车来了。”于是，那些行走的普通老百姓、姑娘、婆婆们，就得赶紧让出一条路。背着书包的小学生躲闪不及便被溅得一身泥。老人和孩子们朝那些坐在车上打扮得花枝招展的贵妇人蔑视地口吐唾沫骂道：“贱货，不得好死的!”

这一天开始了，这是个新的“开端”。1917 年 11 月，深秋已过，蛇山上的树叶开始脱落，野草也已枯黄，燕子春来秋去了，它携带着武汉的酷暑，已经到了秋冬之交了。

武昌最繁华像样的街道也不过几条，像司门口、长街、大东门、小东门、首义路、阅马场等地。可在幽静的街道里，却发生了震惊全国的革命声音。

这里有一条千年小街叫粮道街。历史上的粮道街与汉口的汉正街同为粮食集散地，明清时因武昌府粮道衙门设在此而声名远播。它的南面是巡导岭，中间是鼎鼎大名的中华大学，再走过去是莺坊巷。莺坊巷的对面是尚书巷，清朝官僚吕起伯的二层楼房坐落在这里。从中华大学前东面一转弯就是粮道大巷，再一转弯就是涵三宫。董必武同志办的武汉中学就在涵三宫中段，右手就是候补街的黄家巷，后面是花园山和天主教堂。在候补街接着有郎家巷、高家巷、江家巷、四衙巷、大车巷等，再过去就是贡院街。这些大街和数不尽的小巷，形成了武汉特有的市政建设景观。他们的乡思、乡梦在这里展示着，他们的子子孙孙，一代一代在这里繁衍生息。武汉人是讲礼貌的，早晨老远看见街坊、邻里，就招呼道："您家好，过了早没有?"晚上你回来，又说："您家回来了，吃了没有?"俗话说"一方水土养活一方人"，清秀、睿智、多才多艺、楚人风格的武汉人，具有顽强的生命力和强烈的爱国热情。不朽的爱国诗人屈原就是武汉和中国人民的骄傲。

粮道街整条街巷的道路，都是用青石板铺成的，那青色的、下了雨后滑溜溜的地面，凹凸不平，常常会把人绊倒。大人牵着孩子在这石板路上匆匆走过，常常要提醒着他们："看着，这里是洼地，有个大窟窿，小心跌跤!"话没说完，孩子就可能已经摔倒了，边哭边爬起来。长者就得拉他一把，摸着头哄着说："莫哭，莫哭，这路将来会好走的。"

这街道的当中转弯处便是胭脂路，它连接蛇山南面的粮道街和山北面的三道街。这条路完全被卖菜的，炸油条面窝的，炸欢喜坨和烤红苕的，卖热干面、糊米酒、糍粑、烧卖以及多种多样热气腾腾的小吃店占了道。武汉人有在外面过早的习惯。上学的中小学生、教员、职员，吃着武汉特有的风味小吃匆匆挤过；提着菜篮子的主妇、姑娘婆婆们，在拥挤的菜摊前讨价还价。青龙巷有一家叫老谦记的牛肉馆，是一家典型的夫妻店，整个店堂只有 3 张桌子、12 条板凳以及炉灶和灶台，它的牛肉炒豆丝，简直让人想到就会口水直流。由于物美价廉，它一直是"座上客常满，门口人不断"。至于米粉馆、糊汤馆、豆皮馆、汤圆馆、煨汤馆、小笼包子馆等名馆名店到处可见，好不热闹。

哦！这就是名城——武汉！

二 黄负生的家

粮道街的莺坊巷是条普通的小巷，在它的顶头 22 号，住着一户黄姓人家。他家里却是出奇地热闹和充满了温馨。家里的板皮屋子的结构，用报纸一裱，虽简陋却也干净。在中华大学任教的黄负生，在这简陋的房子里住了好几年了。前后只有两间房，一间是负生的母亲住着，一间住了黄负生和他的妻子王纯素以及刚生下的儿子黄毛毛（著名作家黄钢）。

黄负生出生于晚清安徽休宁一书香门第。休宁在安徽省的全国著名风景区黄山之南，居民历来多外出经商，走南闯北。古徽州文化使历代名人辈出，休宁对发展古徽州文化作出了巨大的贡献。负生的父亲携带家眷在外居官，最后定居在湖北武昌。

负生幼年丧父，家境衰落，祖母以针黹为生，却通晓文墨，以诗书课子，家教极严。黄负生在亲友资助下上了学，从小就打下了深厚的中国古典文学和新文化的基础，使他能够在成年后以教书育人和写文章为职业。他学习、继承了历史上人文荟萃的徽文化和楚文化。又因书读得多，文学天赋极高，他撰写的散文在长江流域极负盛名，新旧诗词根底很深，诗文感情充沛。他学识渊博，讲课幽默活泼，所以大家都喜欢与这位老师接近，不管是先生还是学生，都愿听黄负生的演讲和授课。

黄负生中等个子，不到三十岁，脸常带忧郁之气，常穿灰色竹布长袍，上课时往往再穿一件马褂，有时也穿西装。在他那锐利的眼光里，流露出似乎要把黑夜挫穿的神情。不轻易言笑，即使常见面，话也不多，但一切都似包含在他的眼神之中。与人辩论时，呈现出战士斩钉截铁的品格和坚定的信念。他是寡欲清贫的，上一小时课也才一块几角钱，除了给党的机关、刊物、穷同志们外，还要养活一家四口人，实在是艰难。他与妻子王纯素及孩子们睡在一个用两条长凳搭起的大绷子床上，罩在床顶的破夏布帐子，打满了补丁，而且还是三块布凑成的，前面没有布是空白，上面有一块幔布，睡时扯下床，睡后掀上去。除此之外，整个家除了一摞摞书之外，就是四壁空空了！

1917 年，是革命者黄负生最高兴的一年。首先是俄国一声炮响，十月革命开辟了人类历史的新纪元；其次是黄负生与恽代英、冼百言、梁绍文等 4 人于 1917 年 10 月 8 日组织了武汉地区第一个进步社团——互助社，在青年中掀起了追求真理、寻求解放的热潮；再次是黄负生与妻子王纯素恩爱的结晶——一个男孩，在 1917 年 5 月 29 日，也就是农历四月初九十二时生。

那天，明媚的阳光照耀在祖国的腹地武汉上空。粮道街对面苍翠的蛇山，气势磅礴，蜿蜒横亘于武昌中心地带，把武昌分成山前、山后两个部分。在蛇山抱冰堂，设有一炮台，每到 12 时整打午时炮，轰隆一声巨响，武昌全城都听见了，那就是告诉人们已经整十二点了，该吃午饭了！

从蛇山望去，这城市到处是炊烟袅袅，被浓重的烟雾笼罩着。这灰色的黄色的烟雾，似乎给人留下多种多样的梦幻和理想。负生的儿子随着蛇山的炮响，呱呱坠地了。人们都说负生有福气，喜得一子午时生，太阳当顶，这是所谓人生最美好走运的时辰。黄负生对十二生肖、属相等虽不在意，但妻子王纯素对这些传统却十分重视。她总是掰着手指头算着节气，盼着一个好的年头来临。儿子的降生，自然给黄家带来一个好的期望、好的盼头，盼他长大成才，成为一个坚定的革命继承者。

建党初期马克思主义的传播者、组织者、宣传者黄负生所组成的家庭，是单纯而又沉浸在集体的欢乐之中的。黄负生与纯朴的劳动人民出身的妻子王纯素的结合，就是个典型。王纯素，生于武汉市舵落口农村，与父亲王继炳、母亲、兄弟一共 4 人，自耕一石多地，不够吃，地抵债了，另一部分卖给了舵落口一地主，将地换钱，开了个小茶社叫舵口茶社。茶社开在汉水河边，河水涨一回，房子就倒塌一回，后来就全部塌完了，一家人无以为生。当王纯素十四五岁时，就全家人下汉口来了，父亲受雇于粮店当店员，母女俩糊火柴盒为生。王氏家族本为大家户，其姊姊妹妹没落后以汉正街的房产出租为生。王纯素的母亲住在其姨表姐家的一间后房里，邻居就是以教书为职业的黄负生先生的家。这样两家人友好往来如同至亲。王家一家人看中黄负生先生温文尔雅，满腹经纶，嗜书如命，那瘦高的个子，戴着一副近视眼镜，眉清目秀，不苟言笑。他的母亲以诗书育人，管教极严，负生和蔼可亲，以礼待人，这使王家又是钦佩，又是爱慕。

王纯素此时正青春年华，她 1897 年（清光绪二十三年）冬月初三生，属鸡；负生 1891 年（清光绪十七年）8 月 27 日（农历七月二十三日）生，属兔，比纯素大 6 岁。当纯素长到 17 岁时（1912 年），已是亭亭玉立、端庄贤淑、楚楚动人的大姑娘了。她因家境贫寒，虽未开蒙上学，但聪明伶俐，一教就会，也有着良好的家庭教育。负生此时正 23 岁，年轻敦厚，对她心中甚是挚爱怜惜。经王家姨妈介绍，两家人立刻互结秦晋之好。订婚 3 年之后，王纯素于 1914 年 19 岁时,便与黄负生结婚了。婚后因黄负生在武汉中学、湖北省立女子师范、中华大学任教，遂迁居武昌，住粮道街莺坊巷 22 号。

王纯素家中贫穷，嫁妆不多。负生看中了随她而来的一面椭圆形的镜子。他兴之所至，将镜子翻过来，在镜框背面的黄色皮垫纸上，用他刚劲的笔力，写下了一首诗——

天地山河，有情无情，
皆能觉照本体，
却不留纤微尘影，
——这便是菩萨心。

他写这首“镜底诗”时才二十岁出头，就能够用唯物主义伟大深刻的哲理，借用镜子的形式，来寓意一个革命者应该具备的崇高品质和情操，应如明镜般的纯净和一尘不染。负生在这首诗里，有着极高忘我的意境，指出要如实反映和了解客观世界，要具有高尚的理想，襟怀坦荡，光明磊落，否则“天地山河，有情无情”都会像镜子那样“本体却不留纤微尘影”。这里的“菩萨”既指的是宇宙的自然界的规律，也可以说是革命者至高无上的神圣理想、意志和心态。

黄负生和王纯素结婚时的这面镜子和这首“镜底诗”，经过了几十年的硝烟弥漫、白色恐怖，在负生同志所有遗物都遭到坏人的毁坏后，它的字迹却依然如故。它是湖北省博物馆保留的黄负生烈士宝贵的遗物之一。

三　一群雄鹰——探索者的时代

莺坊巷负生的家，是当时进步青年聚会之地，他们在这里议论国事，商谈对策，探讨时代风云，切磋琢磨革命学说，组织革命队伍等。他们把负生的家当作自己的家。家中的常客、亲兄弟般的挚友首先是恽代英，他俩差不多无时无刻不在会晤中。只要听见负生房中有亲切的喃喃低语声，那便是代英和负生在谈话。代英个子不高，戴一副近视眼镜，头发蓬松，竖起来，似乎有些凌乱，但从他那灵活的眼睛，看得出来他的思维敏捷。其他的来人像中国共产党的创始人之一的陈潭秋，则是沉默寡言的样子。当他越过门槛，叫一声纯素“嫂子”时，你才知道是他来了。大律师施洋的脚步声永远是急促的，声音热情而和蔼，笑容满面。他还没有进屋就先嚷嚷开了：“负生！负生在吧！”这时负生便笑着出来，迎接客人在房中坐下。纯素便给客人送上一杯茶，礼貌地说：“施先生，请用茶！”

经常的来客则是利群书社、互助社的一伙人，如梁绍文、李伯刚、林育南、郑遵芳等人。

1913 年，当恽代英 18 岁时，恽家全家从巡道岭搬到涵三宫 1 号。从涵三宫顶头一转弯就是粮道大巷，再一转弯便是负生莺坊巷的家。他们二人咫尺之隔，来来往往方便极了。自从 1911 年辛亥革命后，他俩便很快地接受了民主革命的思想影响而情投意合。同时，他俩也来往于粮道街的中华大学。恽代英年仅 19 岁时，于 1914 年夏天以优异成绩考进中华大学预科二年级。从 1917 年负生进中华大学执教国文、戏剧课以来，他们同来同往于中华大学中。1915 年负生即与恽代英、郑遵芳相交，并与黄导源、张心田、冼百言结成诗社，彼此唱和。在这种亲密的接触中，他们一起阅读进步书报，评论时局，探求先进思想和理论，寻求真理；他们共同创办进步刊物，组织起社团，推动了爱国学生运动和新文化运动的发展。

辛亥革命武昌起义的城市武汉，因能够孕育和拥有这样两位无产阶级的战士而自豪。他俩是胜似亲人的同志，虽是师生关系，也是无时无刻不在一起的密友、兄弟，是朝朝夕夕、日日夜夜并肩战斗的战友，是一对终生追求理想、追求真理、为真理而奋斗的勇士。

恽代英和黄负生出生和成长于近代中国资产阶级革命运动之发源地武昌，是中国激进民主主义者中的两位先进分子，也同时是自觉的共产主义战士；是武汉新文化运动的领导人，也同时是新思想新文化的传播人，曾先后成为马克思主义的传播者。

他们——这一群热血青年，这一群雄鹰，生长在一个伟大的时代。这是探索者的时代，历史造就了这一代的知识分子，他们以十月革命为导向，点燃了中国革命的火花。

四　开　端

黄负生所任教的湖北省立女子师范学校，创办于 1906 年。它具有悠久的历史、优良的学风。它是当年湖北省唯一的女子教育最高学府，坐落在紫阳湖旁不远处（现武昌首义路武汉市第 39 中学）。紫阳湖原属武昌南湖，它从宋代起就是秀丽风景区。它是以荷花为主的旖旎风光而著名的。地处长江中游的荆楚大地，自古就是莲荷之乡。每到夏天，满湖芰荷，白、红、绿相间，荷香扑鼻，令人流连忘返。

黄负生到女师上课时，每次都要经过紫阳湖。他站在紫阳桥上凭栏四望，四周山光绿水处，不禁激发了年轻作家的诗情和出淤泥而不染的端洁的性格。刚从湖里挖出的嫩嫩的莲藕，给天下人以美食。它与花之君子的莲花、团团如盖的荷叶、颐养天年的莲子本为一体。负生看着那白嫩的莲藕赞美至极，行走间心中不禁暗暗吟咏楚国伟大爱国诗人屈原在《离骚》中的爱荷诗句“制芰荷以为衣兮，集芙蓉以为裳”，以及唐朝诗人李商隐赞美荷花“惟有绿荷红菡萏，卷舒开合任天真”和宋朝周敦颐颂扬荷花“出淤泥而不染，濯清涟而不妖”的名句。这些诗句孕育了一代代爱国知识分子圣洁的灵魂，负生心中感到特别清爽无瑕。

当黄负生走进女师校门时，一股昂扬的心情油然而生。俄国十月革命的浪潮激励着他，俄国能从双重压迫下解放出来，中国也必将成为独立自由之国家。这时，他的戊班学生夏之栩、徐全直、杨子烈等人拥过来，叫着：“黄先生，黄先生，您家好！黄老师您家今天给我们讲些什么呢？”

黄老师从容不迫地走上讲坛，开始发问了：“同学们！现在是公历多少年？”

包括刚来到这个学校的高才生夏娘娘的女儿夏之栩，全体学生一律回答说：“现在是民国六年。”

他们从来不知道什么叫做“公历”。

黄负生热情地纠正了他们说："现在是 1917 年。就在这一年，发生了什么影响世界革命的大事呢？请回答。"

同学们个个瞠目结舌，一时回答不出，有的还喃喃自语："革命！什么叫革命呀？……"

黄负生说："革命，就是俄国人民推翻了俄国资产阶级临时政府，在以伟大的无产阶级导师列宁为首的布尔什维克领导下，爆发了十月革命，建立了社会主义国家……"

同学们睁大着眼睛说："哦！社会主义……那我们呢？"

负生清晰地说："我们的国家现在陷入了军阀混战之中，为内战所分裂，他们全都在掠夺人民和国家的财产。帝国主义列强目睹这种混乱局面参加了进来，企图瓜分中国。所以，中国必须进行反对帝国主义和封建制度的革命，如果我们不知道马克思列宁主义、俄国十月革命，那就等于聋子瞎子，找不到路……"

同学们用惊异的敬佩的目光看着他们的黄老师。这位老师精神抖擞，声音洪亮，两眼炯炯有神，身材消瘦，穿件深色哔叽长棉袍，戴副近视眼镜，一副学者的模样。许多别班的同学一起涌来扒在窗子外听。比夏之栩、庄有义低二班的同学袁溥之和她的妹妹袁震及她们的结拜姊妹李文宜、王文先等，都扒在窗子外听得津津有味，她们个个喜欢得不得了。从这位老师的宏论中，她们知道自己该走什么路。

黄负生更加深入有力地讲道："贫富的悬殊、妇女的痛苦、劳动者的烦恼与饥饿是从哪里来的呢？是由于存在着阶级压迫。所有受压迫的人，尤其是受压迫的妇女，要求得到自身的解放，只有和劳动者一起，手拉手地参加革命才有出路……"

这些崭新的充满革命激情的先进知识分子，开始在工人、妇女、学生中开展工作，传播着马克思列宁主义。在这个学校以及其他学校里，在这个城市的工厂及其他角落里，无不有着他们的身影。像女师的国文老师刘子通、英文老师陈潭秋，他们的讲演和见之于书面的文章，都是最好的、深得学生喜爱的。他们是马克思主义的传播者、宣传者。同学们从他们身上找到了人生问题的答案，走上革命之途。

五 生活和随笔

黄负生经过紫阳湖走回到自己的家中，见王纯素在巷中沙井旁提水。他赶紧走过去帮她吊了两桶，然后提回家。这口沙井已有百年历史了，附近居民用水都从这儿提。但这水虽然清悠悠的，也只能作为日常洗衣物之用。至于做饭、烧开水、泡茶等，要从汉阳门挑江水经过明矾沉淀后才能用。一担水几个铜板，如果包月，顶多一元钱。

这天负生兴致特别好，他把井水倒进缸里后，笑着问："纯素，今天你给我们做什么好吃的呢?"

纯素笑眯眯地答："你不是想吃洪山的菜薹吗? 冬天的菜薹特别好吃，我已经摘好了，还有雪里蕻炒肉，也是你爱吃的。"

负生连连答道："是的，菜薹比肉还好吃。你忘了我还喜欢吃莲藕啦! 刚从紫阳湖路过，见刚挖出来带泥的新莲藕，节节肥大，殊不知它是甘居地下，托着花儿叶儿在淤泥中生长的，但它出淤泥而不染，洁白如玉。煨起汤来，真是好喝。"

纯素将怀抱中的毛毛递给他说："给你，他就盼着你回来好抱他。你又发感慨了，明天从北湖买些藕回来煨排骨汤给你喝。你身体不好，工作又累，要补养一下才好!"纯素说到这里，打了一个顿，"唉"了一声就不说了。

负生体贴地问："怎么不说下去了，是不是又没米下锅了?!"

纯素又"唉"了一声："陈时耍赖皮，一个多月没给你发薪金了，你都忘了!"

"我哪能忘，代英在今年(1917年)11月14日日记中还记载：'负生就职吾校月余，薪俸终未照给，此诚足寒热心任事人之心。呜呼! 职业神圣，吾有神圣之能力，安能投身于不神圣之场合哉!'"负生感慨地说。

纯素十分怜惜自己的丈夫身体羸弱，工作又累，而又没有钱给他买些补养品吃。他想喝藕汤，但钱呢? 她怕伤着丈夫的心，只好转个弯说："你记性真好，恽代英的日记，你都能背。"

负生笑着答："没什么，他的日记有时在我们互助社的小组会上诵读。代英还建议我写日记，我打算开始写。它真实地记录了我们这一代人的学习、思想和生活，反映了我们和武汉广大青年学生进行反帝反封建的爱国斗争的感人情景，所以我背得。"负生边说边体谅妻子对自己百倍的爱护之心。为使妻子不为钱发愁，他就和儿子逗着玩。这时，在讲坛上演讲的疲劳和谈论陈时的不快竟完全消除了，他兴致勃勃地将他写的散文《如是斋随笔》的最后两节念给儿子听。虽然儿子才 5 个月，什么事都不懂，但习惯于像听歌似的听着父亲吟诵。那抑扬顿挫的声调，那轻柔低沉的湖北腔，使孩子既不哭，也不闹。负生喃喃地说：爸爸的好孩子，你听着，爸爸是这样写的：

……余五年前，每喜与人谈极端社会主义及无为而治等事。余友葆真君，每非笑之。余时抗而与辩。及今思之，顿觉汗颜。盖行极端社会主义，非人人有高尚之道德弗可，非今日之伪道德。譬之碧玉之盘，以之盛碧红桃杏，类也。以之盛糟糠，弗类也。野老土人，捧之大嚼，更弗类也。

“制芰荷以为衣，采芙蓉以为裳，纫秋兰以为佩。朝饮木兰之坠露，夕餐秋菊之落英。”此其仙耶？佛耶？美人耶？余以为不必有此人，然不可无此感想。

负生念着、念着，孩子在父亲朗读的悦耳声中竟睡着了。负生想：“乖孩子，他将来会继承我的遗志，成为革命家，成为无产阶级的作家吗？”他随即将刚出版的 1917 年《光华学报》第 3 期上刊载的《如是斋随笔》又看了一遍，准备明天到中华大学上课时发给同学们。

六 新文学革命运动的拓荒者

《光华学报》创办于 1915 年，是中华大学学报，宗旨是“研究学术，导扬国光”。从创刊的时候起，恽代英、黄负生就成为这一刊物的主要撰稿者。1917 年，中华大学校长陈时打破陈规陋习，让当时还是学生的恽代英担任了这一影响颇大的学报的主编，并让他全权负责。恽代英、黄负生等人利用《光华学报》说古论今，寻找治国安邦的良策。

作为武汉地区新文学革命运动的拓荒者之一的黄负生，他在《光华学报》上所刊出的诗词、小说、随笔、札记等，无不证明他是当之无愧的无产阶级和人民大众的现实主义的革命作家。1916 年，他在《光华学报》发表了五言古诗词《送林一足赴燕京》，七律《游君山作》、《寄陆凌秋记室京洛道中》、《夜雨寄陆城作》，以及词《和南唐后主词》七首和小说《孤儿》等。其旧体诗词，功底深厚。词作清婉雅丽，格律娴熟，语言流畅。随笔更显出负生在 1917 年就用辩证唯物主义来观察分析事物，品评人物、事件。他博览群书，聪慧过人，所记读书心得、世态人情、名人轶事、说佛论禅、集联集句等，无不隽永深刻，文采洋溢。

现在，负生拿着1917年第3期的《光华学报》走向中华大学的讲坛。此期不仅内容新，形式也新，封面上醒目的标题《如是斋随笔》用楷体示出作者黄负生。

武昌粮道街的私立中华大学，系1913年黄陂人陈怀恺所办，他的侄子陈时早年留学日本，崇尚欧美、日本的教育方法，后来接替陈怀恺而为中华大学校长。负生就在这个学校教国文和戏剧。而恽代英于1913年以优异成绩考进中华大学预科班，1915年考进文学系的哲学专业。当1915年以陈独秀为首的新文化运动兴起时，中华大学成了武汉地区新文化运动的中心，涌现出一大批新文化运动的闯将，恽代英、黄负生就是其中的佼佼者。

当黄负生在课堂上将新近出版的《光华学报》发给大家时，同学们争相传阅。这一期负生所写的随笔式的《如是斋随笔》，使同学们耳目一新。文中一开始就写道：

> 年少多才，每为人忌。大抵头角峥嵘，锋芒太露，其才虽可爱，然亦可畏，此所以遭忌矣。唐渭南尉刘延祐弱冠政事冠畿县。李勣寄书云："足下春秋甫尔，遽擅大名，宜稍自贬抑。无为独出人右。"寥寥数语，少年可奉为南针。或曰：不遭人忌是庸才。余殊不谓然。贾生杰才，不自贬抑，卒为绛灌所忌，谪遣长沙，终至痛哭流涕，伤其天年，究于天下国家有何益处？

负生针对社会弊端，所发感慨，自有独创精神，尤对青年成才问题，谆谆教导，旁征博引，使朝气勃勃的青年学生们，从中吸取营养。负生既对不合理的社会制度发出愤慨，又对埋没的历史风流人物表达惋惜。大家对负生先生的博学，以及他对种种丑恶社会现象的痛恨是深有理解的，许多同学看了这篇文章后念之读之，认为是一篇文采风流之佳作。

勤学上进、聪颖过人的青年恽代英，是吮吸着长江的乳汁而长大的。他的少年时代，有整整14年随母亲迁居鄂西老河口，他是1895年8月12日出生于武昌。恽代英的青少年时期正值辛亥革命之前，由于清政府的腐败无能，中国已沦为半殖民地。此时的武汉，已经有了洋人的租界，也有了洋人进行文化侵略的教会学堂。在生活中，更有各色各样的洋货：洋布、洋油、洋船、洋糖、洋火、洋盆等。他从小时起，就对这些洋板眼深恶痛绝，不屑一顾。

在恽代英的求学时期，即1913年—1918年，也即辛亥革命以后到五四运动以前这段历史时期，这正是他的民主主义、爱国主义思想迅速发展的时期。在这一时期，他主要办了两件事：一是担负了《光华学报》的主编，二是成立了互助社。

这年初，陈时欲使代英负《光华学报》完全责任，他当时没有答应。在1917年1月26日日记上写着："一顾虑在取录稿件上得罪人，二怕陈时为人无恒，并且他一向好干涉。"陈时仍令他办，并交12元钱给他。

在当天，他在日记中又记下了："封面刊要目，报上登要目广告，绝对不要无价值论文，学事共居八分之一，不分门类，务求对学生功课有益。"

从此，他为《光华学报》组稿、定稿、拟要目、登启事、订通告、编目录等分外忙碌。好在负生在旁经常商量、协助指导，感到特别的得心应手。这年3月，《光华学报》第一年第2期也早编好，并于3月7日前出版了。恽代英在上面发表了政治论文、学术论文、译文、日记等共19篇约7万字。他用犀利的笔写了《新无神论》、《怀疑论》、《论女权》、《驳不孝有三无后为大》等，使刊物成为宣传新思想新文化的阵地。

1916年出版的第2期《光华学报》上还登载了恽代英的《我之人生观》和《爱澜阁日记》以及黄负生的小说《孤儿》(残篇)。《孤儿》出现在五四前夕，是黄负生积极反映劳动人民痛苦、揭露社会黑暗、宣传爱国、反抗侵略的同类小说中的力作。那时，这类小说并不多，它显示了作者对弱者的深切同情。黄负生以饱满的阶级感情，对底层人物付以同情之笔，接触社会病根。在当时武汉文坛一片沉寂中，站在时代前面描写社会底层人民生活的作品，简直是凤毛麟角。他不愧为湖北新文学革命运动的拓荒者，在"文学革命尽力独多"(见包惠僧文)。

七　互助社

这一天，10月8日，正是武汉的金秋季节，恽代英和梁绍文从庐山参加了基督教青年会举办的学生夏令营回来后，使恽代英早已萌发的要组织进步团体的思想更加成熟。他约了冼百言一起去黄负生家共同商量这件事。

王纯素见负生的得意门生又是老朋友的恽代英、冼百言来了，高兴地端出了瓜子、花生、酥糖招待他们，说："吃点家乡味，这花生颗粒小，是黄陂的，但特香特好吃。酥糖是汪玉霞的，是负生前两天到汉正街看我母亲时买的。"

代英、百言齐声说："黄师母（负生的学生都习惯这样称呼她），您不要客气，我们是您家的常客，又不是别人。"

恽代英又特别说："黄师母别忙，我们9月11日从庐山回来，向负生老师禀报一下情况。"

负生在旁问："庐山之行如何？收获大吗？我看救国是不能靠基督的。"

恽代英兴奋地说："我这次去庐山参加武昌青年会组织的学生夏令营，唯一的醒悟是：我们要立志成为中国唯一可靠的救星。虽然基督教前辈办事的活泼，立言的诚挚，律己的纯洁，助力的恒一，自问极为惭愧。我们仿学校青年会法，组织个修养且为社会服务的团体好吗？"

负生答："是的，是应该组织起来了。武昌死气沉沉，教职员多半是些遗老遗少与浅薄不好学的东洋留学生。学生又多半是平庸懒惰的个人主义者，不知道什么叫作团体，少数人也只是忙于自己的功课，没有组织起来的思想，而且互相鄙视。"

"好啊！先让我们四个人组织起来，代英、负生、我、绍文。"冼百言在一旁兴奋地拍着手，"我们满怀好意，一方面使自己学业、品德上进步，一方面帮助朋友和他人，同时也为社会、国家做点事情。"

一向好归纳的负生接着说："这路该怎么走，是艰难的跋涉，不要怕人讥笑和辱骂。只要我们同心协力，互相帮助，武昌的学生，全国的民众，不应该没有希望。"

代英则更加兴致勃勃地把大家的想法总结为："我们要用探求真理的新科学来改造社会，结成不包含宗教性质、注重修养并为社会服务的团体。名字最好叫'互助社'。它的宗旨是：群策群力，自助助人。"

从此，这个组织集中体现了五四前后多种社团的命运和去向，成为武汉最活跃的组织，是多种社团中最典型的进步组织。

晚上，他们四个人又在冼百言家中聚会，正式成立了互助社。冼百言（冼震）是南海人，梁绍文是顺德人，二人都是恽代英的同班同学。百言聪明勤奋，思想活跃，很有钻劲，功课很好。

10 月的武汉，酷暑已过，天气凉爽宜人，不冷又不热，他们那颗为国为民的心却是火热的。这群热血青年胸怀崇高的志向，又制定了互助社的八条戒约："不谈人过失，不失信，不恶待人，不作无益事，不浪费，不轻狂，不染恶嗜好，不骄矜。"并拟了《互励文》。文中写道：

> 我们都晓得，今天我们的国家，是在极危险的时候，我们是世界上被羞辱的国民。我们立一个决心，尽我们的力量做我们所能做的事情。我们不应该懒惰，不应该虚假，不应该不培养自己的人格，不应该不帮助我们的朋友，不应该忘记伺候国家、伺候社会。

这一连串的五个"不应该"，代表了这一群热血青年金子般的心声。他们还制订了一张"每日自省表"，规定每天在会上进行检查，检查自己是否做到了利群、助人的事，是否做到不嫖不赌、不吸烟、不饮酒、不说谎话、不带夹带、不坐人力车和有不好的思想意识存在等等。他们还相约：

> 对人不得加以鄙俗的称呼，非不得已不用外国货；不可用不正当的方法助人或求助于人；对于国事不可乐观亦不可徒有悲观等，此社员每饭不可忘也！

这天他们谈到夜深，精神身心都极为愉快，似乎人格、身心都得到了升华，未来新中国的发展方向，作为主要变革从自己开始了。以自己的道德、文化、价值观、人生观开始了实践，不管他们理想的新中国将来是个什么样子，这一天从他们的足下，从他们的心目中开始了……

“我们有了一个良好的开端……”黄负生在回家的路上，迎着武昌街上那少得可怜的几根灯柱和那忽闪忽闪的微弱的暗淡的灯光，向莺坊巷走去。他边走边想着：“但这仅仅只是开端，我们的实践会成功的。我们不能将国家、民族置之度外，伺候国家、伺候民族，这话说得多好啊！有了像恽代英这样出类拔萃的人，中国会有希望的……”

负生边走边想也就很快到了家，纯素和孩子这时已睡着了，他们在安宁和谐的夜晚睡得很香。负生亲了亲他们，把玻璃罩子的煤油灯的捻子拧小，自己就很快躺下了。

这以后，他们感到有一种“激励”的精神时时刻刻地鼓舞着自己、催促着自己前进。它像风帆，在波浪中顶着军阀黑暗的势力在一步一步前进。对于追求“共存互助”的社会主义而苦斗的这群年轻的斗士们来说，互助社的成立及其影响，使其在工读互助运动等理想主义的实验中，探索着已走向社会主义的独特道路。

由于互助社成员的共同努力，一年之后，互助社逐步发展壮大，由开始时的 4 人，发展到 5 组 19 人。他们除了正常活动外，还开展了很多有益于身心健康的活动，还注意社员们德、智、体的全面培育，利用假期，每星期日必出一游，借以锻炼体魄，陶冶情操。他们登蛇山、洪山，游五品山、青山、扁担山、卓刀泉、南湖、湛家山，泛舟月湖，游黄鹤楼，登高望远，舒展胸怀，锻炼不怕困难艰险的坚韧毅力。

1918 年 6 月 18 日这一天，他们 10 个人（恽代英、林育南、刘仁静等），一律穿青色学生服上衣、白西服裤子、球鞋，头戴白色罩帽（冬天把白色罩子拿下来），一起到汉阳游了龟山、归元寺等地。然后轻舟一叶，过垂杨堤畔，又经狂涛汹涌的大江，到司门口码头，又一起爬上了“奋跃瞰江，其首隆然”的蛇山山头。蛇山地处武昌中心地带，因陆放翁将它形容成“缭绕的伏蛇”而得名。

武昌蛇山头的黄鹤楼，更是名满天下。他们站在这里，仰望湛湛蓝天，朵朵白云；俯瞰万里长江，奔流而过；西望汉阳龟山，苍翠欲滴，风景秀丽。龟山却似一彩绘的屏风横亘于汉口、汉阳之间，它既是风景名胜区，又是军事重地。东望武昌，绿树成荫；南望鹦鹉洲，芳草萋萋；北望汉口，房屋鳞次栉比。大家心情无比舒畅，在夕阳斜照下，大家低声齐唱乐歌而归，可谓最快乐的旅游。

第二天，1918 年 6 月 19 日下午，他们 10 人又一起来到千古名楼黄鹤楼。这里有一家显真楼照相馆，这是一座依蛇山北麓地形建造的法国式建筑，共有四层，游人如织，都想在黄鹤楼留下点纪念。显真楼照相馆在当时凭借一流的设计和过硬的技术，在武汉是首屈一指。据说它照的相片，可以保存百年之久。显真楼也留下了他们的身影。这 10 人是：汤济川、杨理桓（后投靠国民党）、林育南、萧鸿举、刘仁静、郑兴焕、郑遵芳、沈光耀、魏以兴、恽代英。

这 10 个人，在几十年的风云变化中，各人走过了不同的道路。

八　狂　飙

1918 年夏，黄负生应冼百言之邀兼职到汉口致忠中学教书。这年，恽代英在中华大学文科毕业后留校任中学部主任。而他的同班同学冼百言在汉口办的致忠中学，地址就设在汉口后花楼街的永庆里（现在叫永进里），过交通路再往上走一条宽大的石头铺成的路巷的顶头，有个大操场就是致忠中学了。

那时，上课是拿钟点费，一小时 900 文钱，顶多 1 元钱，还不如投稿的稿费。负生为了维持一家人的生活和补贴革命的需要，所以到处教书，一个月总共可拿 10 串钱。连恽代英在日记中都叹息道：“要求有较优之薪金，至少需十小时之功课，且每月薪金必须按月付到……嗟呼！生活路中不知有多少艰难。少年多醉生梦死，一无预备，又何问其至时餍否，亦不能遂其愿望耶。”

负生这时除了在中华大学教书外，还在湖北省立女子师范、董必武同志办的武汉中学和他的学生兼好友冼百言办的致忠中学教课，并同时也在附近的硚口区辅德中学授课。那时武昌没有位置了，就到汉口来。汉口有致忠、辅德、德华（尚志）、懿顺、育才、明新、新明等女子中学。因此负生将家从武昌莺坊巷搬到致忠中学。在致忠中学两个大教室后面，住着负生一家人。

1919 年五四狂飙激荡神州大地，中国大地上掀起了反帝反封建的浪潮。恽代英、黄负生等人以饱满的激情投入这场伟大的爱国主义运动中。黄负生、恽代英他俩一开始就并肩站立在武汉地区五四新文化运动的前列。黄负生所在的致忠中学住地，又像莺坊巷那样成为一群热血青年聚会之地，以在武昌成长并以武昌为活动基地的一群先进青年知识分子，且将活动范围扩展至武汉三镇、大江南北。他们把领导武汉爱国学生运动的武汉学联设在汉口华景街的辅德中学，因为负生也在辅德授课，离致忠中学非常近。辅德且是在中间地域，一元路、二曜路、三元里是日租界，靠近德租界——一旦出事，大家可以说我们住在德租界。恽代英为武汉学联草拟电报、信函文件等，和负生商量如何领导运动的进行，所以常去致忠便于向负生"报信"，又在致忠学校睡，"颇佳"（见恽代英日记）。

江城的五月，繁花似锦。江夏地区梅雨季节还未过去，酷暑还未到来，到致忠中学负生的家，要经过花楼街交通路口，走过那用长立方体麻石镶成人字花形的地砖才能到永庆里。负生的家虽不富裕，但有妻子王纯素的料理，也井井有条，整洁干净，显示女主人的能干、纯朴的美德。五四以后，这个家就有点乱哄哄的。青年学生和朋友们都喜欢在负生家中相聚，探讨时事和运动进展的情况，以及下一步的行动计划。房间里挤不下，就在操场上站着蹲着谈。这些带着强烈忧患意识的青年们，在黄负生、恽代英二位老师的指引下，思想倾向和政治主张，以及他们的道德修养和实践，都是以救国救民为大目标。在这场伟大的爱国运动中，恽代英、黄负生并肩战斗，成为武汉地区当之无愧的组织者和领导者之一；负生在致忠中学的家，成为当时促进新文化运动深入发展的又一个据点。

5 月 29 日这天，恽代英把武汉学联宣传部出版的刊物《学生周刊》拿来给负生校阅。这刊物主要由黄负生、恽代英撰写，负生负责写报道，分析当时国际国内形势；代英负责写评论。负生边阅读边校正边对代英说："我们的刊物一定得全部采用白话文写作，要一反八股文形式，或半文半白的语言，这样它就会受到青年学生们的欢迎。"

代英答："《周刊》内容主要应该鼓舞学生及各界人民的爱国热情，反对帝国主义，反对军阀。我们的爱国游行声势浩大，刊物应该反映丧心病狂的军警对我手无寸铁的学生镇压的情况，反映我们学生的爱国热忱。我已写了《呜呼青岛》的文章，并已印成了传单，在阅马场 3 000 余人的集会上散发。"

负生高兴地说道："好呀！国民的觉悟越来越高，五四运动是中国近代史上第一次最伟大的反帝爱国运动，它显示出中国人民像火山岩浆一样喷发出来的爱国热情。"

在这场伟大的爱国运动中，武汉的先进知识分子恽代英、黄负生起到了促进广大青年学生思想解放的作用。

《学生周刊》共出版了10余期，多由学生及学联在轮渡口出卖。长江波浪滚滚，太古招商等轮船码头的船只，在长江上、下游以及江南、江北航行着，学生们及爱国人士拿着一摞一摞《学生周刊》以及代英草拟的《武昌学生团宣言书》、《呜呼青岛》以及5月31日《汉口大汉报》发表的《湖北全体学生上督军省长书》在轮船上、下层叫卖：

看啰！看啰！武汉学联办的《学生周刊》，里面有恽代英、黄负生的爱国文章。

看啰！恽代英先生写的《呜呼青岛》哟！

唤起国民爱国热忱，提倡国货，坚持到底！

但是，反动政府派军警立即出动，对学生及报童加以干涉，夺去他们的刊物、报纸、传单，将它们丢到江中。轮船在江中颠簸，纸片在江中飞扬，像一群群白色的海鸥在追逐着。

6月7日，为了营救爱国学生，在武汉各界联合号召商界罢市会上，写了《为什么要罢市》、《罢市的目的和方法》等传单。但是，军阀干涉不许散发传单。在这样紧急的时刻，负生向代英说：

仅仅依靠学生的革命力量，不能震慑反动军阀，必须唤醒广大民众和商界起来支持学生，共同反抗军阀王占元的统治和对学生的血腥镇压。6月11日至13日罢市的消息行不通，我们可以用纸扇传阅的办法，逐家逐户挨家挨店传阅到武昌、汉口、汉阳三镇的每一家商店……

负生说到这里，特别兴奋，他站了起来，扶正了眼镜，从他桌子的抽屉里，拿出了早就准备好了的四把做工精致、造型优美的折叠扇。扇子上面绘有山水、花卉、青柳鸣禽、花香鸟语，甚是可爱。他蘸满墨汁，挥动手臂用他那刚劲有力的字体，在绘有人物山水的纸制折扇面上题写：

尽国民一份天职，决定于6月10日商界开始罢市，为国家虽死伤亦所甘心。

武汉市学生联合会

当负生在这四把扇子上写完后，心情特别舒畅，他伸直了腰，清瘦的面容上泛起了红光，就好像青岛可以争回了，中国的权利也可挽回，卖国贼受到惩办，被捕的学生也可解救了……

黄负生所献的"纸扇传阅"的奇策，果真有了奇效。在恽代英、黄负生等组织发动下，6月10日汉口开始罢市。11日晚，武汉商界出现了一种劝告商民罢市的传单，第二天晨，武昌罢市之风复起，武汉工人阶级以磅礴之势登上了政治舞台，并提出了开市的四个条件。

这在武汉历史上第一次显示了工人阶级的伟大力量。

五四运动在武汉的全过程表明，武汉的先进知识分子黄负生、恽代英这一对胜似兄弟的密友，发挥了思想解放的作用。“在五四运动中武汉方面所发出之文电及宣传文章，多出于负生同志之手”（见包惠僧《黄负生同志传略》）。他们办社团，出刊物，写文章，积极扩大了十月革命对中国的影响和马克思主义在武汉的传播，在当时当地，促进了新文化运动的深入发展。

九 起 名

这年 10 月 22 日，王纯素生下了一个女儿，她比她哥哥小两岁，暂没起名，小名便随便叫了个小毛，哥哥就“升”做大毛了。两个孩子一男一女，令负生好不喜欢。纯素把这两个孩子抱至代英面前，大毛跟代英很熟，一听见代英的声音便跑过来吵着要他抱，嘴里甜甜地喊道：“恽叔叔抱抱我，给我讲个故事。”代英这时就一把将大毛抱起来亲吻，并说：“叔叔的故事多，讲了一个又一个，那今天讲什么呢?”

负生在一旁说：“叔叔忙，你看叔叔这么爱你，请他给你们两个毛毛起个名字吧！叔叔是个大学问家，是有名的政治活动家，他起的名字好!”

王纯素在一旁抱着小毛也说：“这两个小家伙还没有学名啦！还不知道将来成不成器，还望恽先生帮忙教育。”

负生接着纯素的话说：“是的，我说过我有意将大毛的教育托付于你，希你能够接纳这个学子。夏娘娘说过，等你给这两个孩子起名时，她要请一桌客!”

代英高兴地说：“好啊！我等着吃这两个孩子的起名宴。名字嘛，等我回去想想。”

代英当天回去后，即在 1918 年 3 月 26 日的日记上记下了：“负生有意以其子之教育将来托我之意……”并感慨地惋惜自己，“惜乎！葆秀往矣，不然吾将与之合力谋自己儿子之教育……”

自从 1918 年 2 月 25 日代英爱妻葆秀因难产去世后，代英经历了十分痛苦、忧伤的日日夜夜。怀着无法控制的思念和极度悲伤的感情，他在 3 月 1 日、3 月 28 日、6 月 3 日、6 月 4 日先后四次写出了致葆秀书，表达他的悲痛。黄负生夫妇经常给予代英以宽慰，除当时购买丧葬物品到出殡都是负生他们张罗，后来以至于为他家迁移新居，为郎家巷的房子而奔波。

这说明：恽、黄二人不仅在政治思想和文化战线上共同携手奋斗，在待人处事上极富修养，生活上二人更是亲密无间、患难与共，互相关心帮助。负生的母亲去世后，一切丧事如借油印机、买写讣闻用的纸墨、送太夫人出丧等事，全由代英料理，并记载在他的日记上。

夏娘娘于 1911 年秋天，从湖北宜昌携独生女夏之栩来到武昌定居已有 7 年了。1918 年夏之栩进入旧五年制的湖北省立女子师范学校读书。在这个学校里，她遇到了一个对她起决定性影响的事变，那就是十月革命。在这个学校和武汉，出现了具有初步的马克思列宁主义思想的革命知识分子，他们把俄国革命真理在中国广为传播开来。

那些开始在工人、学生群体中进行工作，传播着马克思列宁主义思想的革命知识分子，都是些崭新的热情的人物。在女师，他们就是国文老师黄负生、刘子通，英文老师陈潭秋。他们不仅是这一群先进的女学生的良师益友，且是革命的引路人。因此，夏娘娘把女儿的这几位老师，当做家里人看待。她尤其喜欢负生，因为他满腹经纶，具有博大精深的学问、出淤泥而不染的高贵品质和深沉坚韧的性格。他始终站在时代的最前面，这一切使夏娘娘佩服、崇敬之至。夏娘娘与纯素也结成了姊妹般的友谊。她对负生的两个孩子尤其关心，常常把他们接到家中，除做好吃的外，还帮助教育，十分疼爱。她提出要恽先生给他们两个起个好名字。

1920 年 5 月，正是负生之子大毛三岁生日，小毛也一岁多了，夏娘娘为两个孩子命名办了一桌酒席，请了之栩的老师陈潭秋、刘子通、黄负生、恽代英，还有致忠中学校长冼百言。作陪的有之栩的同学徐全直等人。席后，负生站起来高兴地说：

> 首先感谢娘娘对我们爱国事业的支持和援助。今天娘娘为我这两个犬子命名，请来诸位老师，更使我感激不尽。孩子能否成才，除了自己的努力，就此托付诸位挚友和娘娘的教育了！请举杯！

代英立刻站起来，用地道的武昌话说："娘娘是一位具有伟大母爱而又坚强的人。负生为人耿介，其品格可钦。今天为他的两个孩子命名是我乐意做的事。我与负生、百言曾不止一次地讨论过，负生并特别研究过学龄前之儿童教育、育婴堂与幼稚园的问题，负生对孩子的教育是有独特的见解的。我现在想：共产主义必将磅礴于世界，阔步于中国，女儿的名字就叫黄宏世，她的哥哥名叫黄宏济。这名字憧憬着未来美好的理想——宏大济世……"在座的人个个拍起手来，都说这名字起得好，含义深刻，标示着他们的理想及决心。

负生、纯素及极有涵养的娘娘都为这名字而高兴，“愿他们能走革命的道路”！

潭秋说：“有负生、代英的教育，有我们的帮助，两个孩子肯定不会辜负大家的期望的。”

1919 年，负生主持创建互助社、利群书社，积极参与并领导其全过程，又经历了五四运动的严峻考验，现在自己的孩子起了以济世为象征的名字，这些是他这一年中最大的收获和愉快。

十　利群书社和共存社

五四运动战斗的洗礼，使黄负生、恽代英看到了民众的力量，尤其是工人阶级的力量，也认识到了唤醒民众的重要性。1920 年 1 月，代英辞去了中华大学中学部教务主任的职务，一心筹办利群书社。书社成员除萧楚女是来自湖北省蚕桑讲习所，大都是中华大学附中、市第一中学、外语学校的学生，如林育南、李书渠、魏以新、沈光耀、柳野青、廖焕星、施洋、郑遵芳、卢春山、吴华梓（化之）、刘国光（宽之）、唐际盛、萧鸿举、卢斌（陆沉）、李国伟（求实）、蒋先云等。春节刚过，武汉还沉浸在新春佳节欢乐的气氛之中，利群书社租下武昌横街头、胡林翼路 18 号，正式开业了。这个书社门面虽然很小，里面的陈设也简单，但是陈列出售的都是当时的一些进步书刊：《共产党宣言》、《新青年》、《每周评论》等，因此，它像磁石一样，吸引着众多的热血青年。很快，它就成为长江中下游一带宣传马列主义的阵地和新文化的中心。

利群书社是一个以营业为手段的文化运动场所，是一个修养社会的结晶体，是一个以服务社会为目的的集体。利群书社也是《新青年》、《新潮》、《少年中国》在武汉的代派处，是长江中下游指导新文化运动、传播马克思列宁主义的中心据点之一。它对当时的进步学生、进步工人们极具吸引力。

在利群书社工作的人，除了业务、送报、买卖书报、业务通讯外，还要织布、洒扫、采购食物和柴火、做饭、烧水、洗衣。学习讨论开展批评与自我批评是更重要的主题。每天检查今日是否做过利群助人的事，是否对于自私自利腐化思想予以抨击，同时提醒每个人凡事要戒骄戒躁，在小组会上检查后才得就寝。以对社会作贡献为已任的利群书社的成员，他们过着清淡的生活，布衣布鞋，过集体生活，大家轮流做饭。

黄负生虽也是利群书社社员，但他没有在书店里当店员，其他人都当过。因负生是他们的先生，社员多半是他的学生，他教书改作业又很紧张。互助社每每有事，都是代英跟负生联系、汇报和商量。从互助社到利群书社，可以看到他们的理想之光。他们的活动进入一个新的阶段，他们采取的是用生活、劳动、求学并行的半工半读的方式培养、训练革命战士。长江中下游的青年——同志和朋友们，都很关心它的活动。利群书社于 2 月份出版了一个供内部读的小型定期刊物——《我们的》，它发表了很多反对国家主义派、反对胡适的崇美思想、反对张东荪的实业救国论以及反对无政府主义、反对少年中国学会派等的通讯与短文。

1921 年 7 月，建立共存社这个具有共产主义思想萌芽性质的组织，首先是在致忠中学负生家里讨论决定的。那时正值酷暑，学校放了暑假，大地被骄阳烤得火辣辣的。恽代英、郑遵芳、冼百言、黄负生四人讨论赴黄冈林家大湾浚新小学开共存社正式成立大会的问题。房子里热，他们就坐在操场上的一棵大树底下。纯素为他们熬好了一大盆绿豆汤放在竹床上，又泡了一壶负生家乡休宁黄山的绿茶，他们喝着清凉的绿豆汤和徽茶“屯绿”，顿感暑热消了许多，高兴地讨论着共存社的宗旨必须是“以积极的切实的准备，祈求阶级斗争、劳农政治的实现，以达到圆满人类共存之目的”。他们对于互助社的“未来之梦”作了大幅度的调整和修改，使之由纯理想主义跨入可实现的阶段。

那天他们讨论直至深夜。

由“互助”到“共存”，这是个历史的飞跃。

第二天一清早，负生将恽代英、冼百言、郑遵芳三人送至江边搭船赴黄冈。

黄冈浚新小学的会，黄负生没有去，但他却被选为该会的经济干事（或总务委员）。因为这个会首先是由黄负生酝酿、筹备的，他是以武汉、湖北共产主义小组成员的身份参加这一组织的。

早在共存社成立之前，武汉、湖北的共产主义小组、马克思学说研究会、社会主义青年团等组织已经建立。共存社是共产主义小组性质的组织，他们开展了多种多样的实践活动。共存社所订立的章程和办法，已渐渐向共产党靠拢，积极准备，实现阶级斗争与劳农的政治相结合，以达到以阶级斗争为手段改造社会的目的——《我们的》明确无误地宣告，这批革命青年已在阶级斗争学说的指引下进行工作了。

他们与中国共产党走到一条路上来了。

十一　共产主义幽灵在徘徊

1920 年，是黄负生生命中最辉煌最有政治意义的一年，他经历了新的革命实践的考验，理想升华到了新的境界。

1920 年 4 月，黄负生认识了董必武，并受聘于他所创办的武汉中学，同时受聘的还有陈潭秋、刘子通、钱亦石等人。这时，负生又与陈潭秋、刘子通一起受聘于湖北省立女子师范。黄负生教国文，潭秋教英文，两人同来同往于湖北女子师范与武汉中学之间。他两人除在这两个学校教书外，还经常到察院坡的书局共同阅读书报。因为负生居住的莺坊巷离中华大学、涵三宫（就在粮道街的后面）的武汉中学以及横街头 18 号的利群书社都很近，负生的家就成了代英、潭秋、刘子通、施洋、百言等经常会晤聚谈的地方，成了革命的“巢”，成了革命者活动的中心。

1920 年，是极不平凡的一年。在这一年里，黄负生结识了董必武、陈潭秋等革命家，在革命的道路上共同前进。因为五四运动后，马克思主义真理的光芒初照江城，武汉工人阶级日趋觉醒，队伍逐渐壮大，为武汉共产主义小组的建立，奠定了阶级基础和思想基础。

负生此时致力于马克思、恩格斯的科学社会主义学说的研究。1920 年 2 月至 9 月，负生在接受和宣传新思想的同时，响应党的号召“各地共产主义小组一成立，便以相当大的力量直接投身到工人中去，从事比较深入的群众工作。这在中国其他政党是不曾有过的”。

1920 年是好的开端，这一年春节一过，他便到汉口码头中去从事党所提出的群众调研工作。黄负生所走过的道路，是近代半封建半殖民地进步知识分子所走的道路。武汉共产主义小组成立之前或成立之初，他们这些具有初步马克思主义觉悟的青年革命者，便投身到工人群众中去，这证明了武汉共产主义的产生，是武汉工人运动和马克思主义结合的结果。

1920 年夏秋间，这是收获的季节，白昼变短了，山茱萸的叶子转红了，经过一个夏天的苦熬，空气渐渐变凉了。黄负生、陈潭秋、刘子通这三位好友到汉口江边进行社会调查。黄负生比陈潭秋大五岁，他们第一次见面的时候，陈潭秋还是武昌高师的学生。他俩由传阅进步书报开始，进而交流心得、思想，分析、评论时局。陈潭秋对这位面容清瘦、戴着金边眼镜的教师非常敬佩。他俩犹如两朵火花相互碰撞，那么投合，喷发出耀眼的思想光芒。这天，他俩约了刘子通到汉口各轮船码头做社会调查来了。

黄负生他们相约行走在汉口码头，上自龙王庙，下至洋火厂，见到了码头工人 4 000 余人。码头工人大多受雇于招商局、太古码头、怡和码头、鸿安公司、日清公司、宁绍公司等。看到那些赤足蓬头垢面，身披一破麻袋遮其下身，上围一破草席，凭各人之腰力驮负数百斤之货物，压得只“哼哟哼哟”地发出喘气声的码头工人。河滩、行沿、货棚，皆彼等卧室，上面漏雨下面潮湿，一至来春，十有九病。他们经常是在街头巷尾角落处的垃圾堆中，拾取人家丢弃的瓜菜腐鱼臭肉充饥，由此生病致死。他们经常受码头恶霸殴打，藤鞭所到之处，血肉横飞，哀号之声，路人见之，无不气愤至极。

他们——这三个青年朋友，在武汉的夏去秋来之时，怀着赤子之心，在汉口各轮渡码头、在龙王庙江岸一隅，将如上所见所闻，写成《汉口苦力状况》调查。文中写道：“汉口劳动界之最苦者，莫苦于驮货一类；人数既众，生活尤难；疾病死亡，无人过问；自生自灭，若异类之不如。彼等所受之苦痛，实人生之最难堪者。”他们调查分析促使中国码头工人生命短暂、随时可能倒毙街头的凄苦命运，自然是由于这些受雇于资本家的工人工资低、生活极端贫困造成的。

他们在汉口这一招来了“四方之民”的“中国名区”，研究武汉成为资本家与外国殖民主义者为创造剩余价值“争集”之地。“川人”，当时沿长江两岸拉纤的为最多，因此成为武汉商埠码头工人队伍之主力。虽然，处于内河中游的汉口码头的劳动者为数不多，当时尚处于自然存在的状态，恰恰又证明了《中国共产党的七十年》中所说：中国工人阶级虽然还很年轻，“很多人来自破产农民和城镇农民，缺乏阶级的自觉”。这份调查，对于我们今天回顾江岸工人前期斗争发展史，不无助益。两年之后爆发的二七大罢工，恰恰又证实了中国共产党在建党前后所引发的无限潜力，预示了两年以后江岸的工人运动才进入新的开端。

他们这篇字里行间充满了阶级仇血泪恨的报告写好之后，署名为刘云生，“刘”，即刘子通；云者系陈潭秋，名澄，字云光，取其“云”字；“生”，就是黄负生。他们在七八月间将这篇文章寄给了陈独秀主编的《新青年》杂志，发表在该刊第八卷第一号“社会调查”栏目，这一期《新青年》于 1920 年（民国九年）9 月 1 日发行。这篇《汉口苦力状况》调查，说明武汉地区具有初步马克思主义觉悟的青年革命者，早就在武汉共产主义小组成立之初，即 1920 年夏秋，就关注社会最底层，着手工人状况的调查。

1920 年 9 月，荆楚大地，天高云淡，酷暑已去，秋高气爽，在马克思主义与中国工人运动逐步结合的基础上，中国的一批具有初步共产主义思想的知识分子认识到，要走十月革命的道路，必须在中国建立先进的无产阶级的政党。1920年六七月间,上海小组成员写信给董必武、张国恩，要他们在武汉筹建党的组织。董必武接信后立即约陈潭秋共同酝酿建党问题，并开始活动。刘伯垂回汉后受陈独秀嘱托，分别与董必武、陈潭秋、包惠僧等人进行了联系。董必武、陈潭秋、刘伯垂、包惠僧、张国恩、郑凯卿等便在武昌抚院街董必武、张国恩的寓所，召开了武汉共产主义小组成立会议。

武汉共产主义小组的建立，是武汉地区革命发展史上的重大事件。它是马克思主义传播到武汉并和当地工人运动相结合的产物，它标志着长期探索救国救民真理的武汉地区先进分子正迈向无产阶级革命道路。他们——黄负生、刘子通、施洋、林育南等人，通过马克思主义和俄国十月革命经验的学习、研究，树立了坚定的共产主义信仰，其中有些人成了领导中国革命的骨干力量。

黄负生在中国爱国先行者的影响下，早就立下了救国救民的大志。他目睹了具有五千年文明史的中国满目疮痍，大好河山沦为半封建半殖民地社会，西方列强对中国人民的欺压和掠夺，劳苦大众过着牛马不如的生活；尤其是他到汉口码头亲自作了社会调查后，决心为建立一个独立、自由、民主、富强的新中国而献身。黄负生是一个紧跟时代步伐不断前进的爱国知识分子，他在世纪初的时代风云里，毅然走出书斋，参加了轰轰烈烈的推翻清王朝的武昌辛亥首义——武昌学生新军。其后，又勇敢地投身新文化运动，积极参加多项实际斗争，后成为武汉地区五四运动中以恽代英为代表的最勇猛的健将之一，并和恽代英一起并肩作战。他们共同组织创办进步社团，如互助社、利群书社、共存社，从激进的民主主义走向共产主义，并且受到了俄国十月社会主义革命的鼓舞和启示，很快地接受了伟大的马克思主义，得出了“必须走俄国人的路”的结论。他实现了从民主主义者到共产主义者的根本转变，1920年秋（或1921年春）参加了武汉共产主义小组。早在1920年11月，他就参加了以小组成员为主的马克思学说研究会，它是武汉共产主义小组的公开活动的组织形式。从此，黄负生跨入了第一批马克思主义的行列，成为武汉地区最早接受和传播马克思主义、最早参加中国共产党的先驱之一，是建党初期全国57个共产党员之一。

黄负生参加共产主义小组前后，就和一批工人阶级、青年学生、老师们结成了坚不可摧的友谊。1921年12月4日，武昌正式成立社会主义青年团，黄负生被选为秘书。

十二 黄土坡 26 号

一个幽灵——共产主义的幽灵在欧洲徘徊！

一颗红星——共产主义的红星照耀着中国！

红色的太阳从地平线上冉冉升起！

中国共产党在 1921 年 7 月正式诞生了——诞生在一叶小舟上，诞生在一个几平方公里的烟雨湖中。她属于一个时代，一个开天辟地的时代。她昭示着将推翻三座大山，由人民当家作主的时代。这个党将她的战旗插向全国，宣布中国共产党诞生在世界东方这块饱经忧患、水深火热的土地上。

参加第一次中国共产党代表大会的董必武、陈潭秋、包惠僧，喜气洋洋地回到了湖北。他们把党的至高无上的宗旨、党的章程和决议带了回来。湖北省和武汉市的党组织也就成立了。黄负生、陈潭秋分别当选为中共武汉地区执行委员会第一任宣传部部长和组织部部长（当时另一种称谓是宣传委员、组织委员），黄负生还兼任党刊《武汉星期评论》的主编。

9 月的一天，秋风送爽，暑气全消，从第一次党代会回来的包惠僧、陈潭秋、董必武面临着筹组成立区党委机关部的实际任务。一天，陈潭秋、包惠僧一同三次到大车巷找黄负生（此时负生的家已由致忠中学搬至武昌大车巷了），商量筹建机关部的问题。他们第一次去，黄负生、王纯素都不在家，第二次去，只有王纯素一人在家，第三次去才约定了时间，并在黄负生家开了会。参加会的有陈潭秋、刘子通、郑凯卿、赵子健、包惠僧。在会上决定党的机关部的房子由黄负生夫妻出面去找，因为其他人都是单身汉，未组建家庭。而黄负生在几个学校兼课，学生众多，又加上他有妻子孩子，便于掩护同志们做好党的工作。

在这个会上，还谈到了成立劳动组合书记部长江支部的问题。

十多天后，王纯素找到了黄负生在湖北女子师范的学生杨继濂，租定了她家的房子。党的机关从此就设在以黄负生夫妻名义租赁的家里——武昌黄土坡 26 号（现武昌首义路小学对面）。

据吴德峰同志讲：黄土坡 27 号①原是一家报社的旧址，四周是旷野，从水塘下来就是黄土坡上街（中段现名首义路）27 号，当时是湖北、武汉区党委执行委员会机关。它是一座三层楼三开间的中式房屋。门前和天井里都有几级台

① 应为 26 号，下同。

阶，天井的两边有耳厢房。左侧是湖北女子师范和紫阳湖，右侧是教会学校善导女子中学和省立第一女子中学，隔着一个水塘就是省女师，后面是一片菜地，不远处就是吴德峰同志当时的家。吴德峰同志（曾任武汉市市长、武汉市委书记，后任最高人民法院副院长）曾说："那时我还不是党员，我也常去黄土坡。"

党的机关设在黄土坡时期，正是湖北、武汉的党建立后发展的时期。黄负生、王纯素夫妇为黄土坡党机关的建立，以主人的姿态，尽心尽力地将机关收拾得干干净净。那时，党无活动经费开展工作和养活大家，仅把有限的一点资金给了包惠僧和项英（当时名为项德隆，1922 年 4 月在黄土坡入党后，将笔名和本名合起来叫项英）。好在那时多数人都在教书，还有点薪金，大家凑了点钱，买了几把藤椅，配了两张方桌、一张三抽屉的条桌、八把太师椅和四个茶几。陈潭秋、陈荫林共同用一个桌子，两张用木板搭起来的木板床，兄弟俩各睡一张。黄负生夫妇住在二楼左边一间房里，楼下一边是包惠僧，一边是陈潭秋、陈荫林兄弟。住在机关里的还有刘子通、李汉俊（上海党组织成员，此时来汉任市政府督办公署总工程师）、丁默邨等人。吃饭大家拿钱。虽请了一个大师傅老张做饭，同志们还是喜欢黄师母做的饭菜。王纯素总是任劳任怨，做出可口的饭菜供同志们食用品尝。

这时，劳动组合书记部长江支部也已建立，武昌、汉阳、夏口多种工会的组织工作也随之开展。早就组织起来了的马克思学说研究会，后来成立的社会主义青年团、武汉星期评论编辑部、妇女读书会、劳动组合书记部长江支部等，都设在黄土坡机关内办公。

这是个群体，英勇无畏的群体。他们清贫，一无所有，惟有英勇、刚强的性格，洁白而高尚的品质。他们站立在名不见经传的黄土坡，展开了历史的搏斗。黄土坡这个不起眼的名字，却发出似江河奔腾的声音，高踞于江城的一隅。

这个机关的钱是由王纯素管的，陈荫林（陈潭秋八弟，后当选为湖北省农会副委员长，与毛泽东等人筹办中央农民运动讲习所，并兼教员，参加南昌起义任革命委员会宣传科长，后病逝于瑞金）管账，每晚结账。黄师母不仅每天起早贪黑地操持机关事务，照料每个同志的生活，还为同志们缝补洗衣，还常常熬夜，等待同志们和自己的丈夫从汉口编印《武汉星期评论》返回武昌来。他们多半是搭 23 时最后一班轮渡回到武昌，再从汉阳门轮渡码头走回黄土坡，至少要半个小时才能到家。

这个机关两个小伢、两个"小萝卜头"宏济、宏世的天真活泼无邪，使生活变得更加生动有趣。他俩有时帮大人做点事，端个凳子，递个茶、烟，看看门，捎句话给伯伯、叔叔们，还伴着母亲一起等父亲回家。宏济一次一次地问：“爸爸怎么还不回家？”

“爸爸上课去了。”

“难道晚上还要上课吗？”

“晚上是到夜校给工人叔叔上补习课或讲演。”

“怎么老讲演呢？那天爸爸不是在咱们大厅里讲演过了吗？大伙都听他一人讲演。怪不得人家说他是讲演家、革命家、作家！什么是革命家呢？”

“就是有革命思想、从事革命工作并做出重大贡献的人，像陈伯伯、刘伯伯和你爸爸都是革命家。”

宏济想了想，眼里闪烁着理想的光芒问：“妈妈，我将来长大了能当革命家吗？”

这时黄负生拖着疲劳的身子回到了家，他听到了母子的对话，感到十分欣慰。他非常感谢妻子对他和他工作的理解，感谢妻子对这个机关的操劳和贡献，对儿子的问话和志向也感到满意。他高兴得一把把儿子抱了起来，说：“能当，能当！什么是革命家？革命家是火，革命家是剑，革命家是砖，是种子，是泥土。孩子，但愿你长大做革命的接班人。”

宏济似懂非懂地点点头，这时，小的宏世跑过来嚷着要爸爸抱。纯素看见负生气喘吁吁的，脸面有点潮红，赶紧制止了说：“爸爸在外面累了一天，让他休息好吗？”两个孩子是听话的，他们赶紧把爸爸按在椅子上，跟他换鞋子，端茶水。负生感到一股暖流涌上心头，他微笑着说：“真是好孩子！”

宏济听着爸爸的称赞特别高兴，拍着小手说：“呵！革命！革命者，革命家！我还是爸爸的小邮差呢！爸爸的信、稿子、报刊全靠我收。”

王纯素笑眯眯地说：“你是爸爸的小邮差，一点不错。你还是妈妈的看门人哩！今天‘黑蚂蚁’爬来了吗？”

宏济悄悄地答：“妈妈，‘黑蚂蚁’看见我坐在门口，爬爬就溜了！”

大家都哈哈大笑，笑得合不拢嘴。这是他们辛勤劳动一天后的天伦之乐。黄负生特别喜欢宏济的聪明伶俐。宏世嘛！还小，但也特别喜欢她踏实、文静。黄负生交给了儿子两个特别的任务，一是碰到他们开会或者有重要人物来商谈事时，总是宏济在门口看着，于是他们就给可疑的人起了个名字叫“黑蚂蚁”。这些都深得先生们的喜爱，都说他是“聪明的乖孩子”、“我们的小卫士”。

宏济的第二个任务是：每天需将邮递员送来的《星期评论》的稿件——它是投递在一个旧菜篮子里的，从一楼用绳子拉到二楼，然后把这些信件、稿件统统交到爸爸手中。这工作宏济感到既神秘又有趣，将一摞一摞的信件和稿件交到爸爸手中，讨得爸爸说一声："好孩子，快给我吧！"然后才放心地快快活活地去玩了。

而小宏世呢？总爱拿一根小棍，到处敲着打着："坏蛋，还不快走，打死你！"见着先生们来了，却亲热地叫着"陈伯伯，刘伯伯，你们好！"然后吃力地端着一个小板凳请他们坐下；见剪了发辫的女学生来了，赶紧迎上去，"姐姐，姐姐"地叫着。这些女革命者、黄负生的学生，她们一把将她抱起来："小宏世，小宏世，赶'蚂蚁'了吗？"宏世说："哥哥赶！我帮他，'蚂蚁'可凶啦！"

姐姐们笑着说："啊！我们的小宏济、小宏世好能干呵！这么大点就能帮我们看机关啦！"

黄土坡时期，正是建党的初期，党开天辟地正式建立机关。每到星期天，机关里特别热闹，来来往往的工人、学生、青年、妇女出出进进。他们都很忙，常常一天开好几个会，多半是马克思学说研究会的会，会中又抽时间出来接见人。凡有运动、节日都开会，党、团一起开。同情他们的人，知道他们动向、趋势的人也来，好不热闹。那时，黄土坡还有一个油印机，凡逢大运动，譬如纪念俄国十月革命，废除不平等条约，都发传单，由丁默邨写和印。他们大都是教员，各人都有据点，每人将传单带出去发，对工人进行宣传。

那时社会主义青年团是公开的，马克思学说研究会也是公开的，会员及团员的吸收方法，是以同志的个人关系进行的。如陈潭秋是武高毕业，他就负责吸收武高方面的进步学生；包惠僧一师毕业，就负责吸收一师的；黄负生、刘子通在女师教书，就负责在女师活动。武汉中学是董必武同志办的，陈潭秋、黄负生在该校任教，就由他们负责活动。其他的，譬如外国语学校及一中的学生，也有接触，但影响不大；中华大学、致忠中学、辅德学校，是靠黄负生联系的。

青年团是每星期开会一次，每次开会都有报告，有详细的记录，记录报告中央，并与北京、天津、上海、广州、长沙等地的青年团互相通报、互相交流经验。马克思学说研究会当时也不过 28 人，会开得比较少，每次开会都是区执行委员会轮流作读书报告，或发给宣传品（如介绍十月革命后的苏俄的各种小册子）。青年团成立较早，团员多半是穷人出身；马克思学说研究会成立较迟，多半是穷知识分子。

这时，由刘伯垂带来了一个抄写的《中国共产党纲领草案》，对党员的政治活动规定得很严格，如不做政府的官吏、不加入资产阶级政党等，他还带来了一些《新青年》杂志出版的丛书及有关苏俄革命的小册子。当时马列主义书籍太少了，他们的主要读物是《共产党宣言》、《新青年》杂志、李汉俊译的《〈资本论〉浅说》、《共产党》(月刊)、考茨基著的《唯物史观》、李季译的《社会主义史》、《马克思传略》，和巴枯宁、克鲁泡特金、托尔斯泰的著作及传记等等，大家都喜欢读。同志们反对、憎恨旧政府的思想是主要的，至于社会主义前途、共产主义远景等，都感到可望而不可即。

当时，党支部每星期要开会，有时在抚院街董必武同志寓所，有时在多公祠5号。多公祠5号是个大公馆形式，有一个大花厅，从花厅出来是轿厅，门可以关死。当时去多公祠的人不多，只有5至6人。规定每次会要作工作报告或读书报告，或国外时事报告。但执行起来并没有完全做到，因为党是秘密的，社会主义青年团是半公开的。

在这个机关里，武汉党的组织的成员，已由原来的共产主义小组共10人，发展到50多人，有施洋、项德隆（项英)、陈荫林、林育南、李求实、李伯刚等同志。妇女读书会12个骨干分子中的一半如夏之栩、袁溥之、徐全直、陈媲兰、李文宜等，是在黄土坡26号的客厅里履行的入党手续，或者参加了社会主义青年团。

在黄土坡入党的项英、施洋、陈荫林、李求实、李伯刚以及共存社的全体人员，都在这大厅中接受了党的嘱托，为共产主义奋斗到底。那时期，他们是多么年轻呵！那年轻的心房，装满了国耻和国殇，他们决心以壮丽的人生，来显示中华民族的刚强。

那些穿着粗布衣衫的工人，那些穿着长裙、剪了发辫、眼神里充满了革命激情的进步女学生，经常出入黄土坡机关。每到星期天，一天要开好几个会。比如一个房间里青年团开会，另一个房间里是马克思学说研究会开会，或是妇女读书会的讲演会。陈潭秋、黄负生、刘子通三同志的讲演，常常使那厅房里座无虚席。

当武汉工人运动，学生、青年、妇女运动蓬勃开展时，负责宣传工作的黄负生，更是整日忙碌、不分昼夜的工作，起草宣传文章和为刊物撰稿、校正。

年轻的工人阶级，虽然在五四运动后表现出了振奋精神和力量，但还缺少阶级的自觉性。为了向工人宣传马列主义，启发他们的觉悟，各地共产主义小组创办了一批专门供工人阶级阅读的刊物。武汉的知识分子在接受和宣传新思想的同时，进一步对工人阶级进行了解，对他们的现状进行调查。黄负生、陈潭秋、刘子通三人撰写了《汉口苦力状况》，文华大学学生所作的《武昌五局工人状况》的调查报告，都对工人的人数、劳动条件和生活状况作了比较系统的反映。通过这些活动，马克思主义真理的光芒初照江城，带来了武汉工人阶级的日趋觉醒和壮大，为武汉共产主义小组的建立奠定了阶级基础和思想基础。

陈独秀来到武汉时，曾制订了一个武汉工人状况调查表，是文华工人郑凯卿负责调查填报的。

1920 年 2 月，陈独秀在汉讲学期间，住在文华大学，与工人郑凯卿相识，曾要他对武汉工人情况写个调查报告，在《新青年》及上海《民国日报》副刊《觉悟》上发表。同年郑凯卿在武汉参加了武汉共产主义小组，成为全国第一个加入中国共产党的工人党员。

文华大学是历史悠久的教会学校，原名文华书院，是由美国基督教圣公会传教士创办的，地址设在武昌昙华林。郑凯卿在这所学校当一名传达工。郑曾在法国做过工，对法国工人阶级在巴黎建立的世界上第一个无产阶级政权——巴黎公社有些了解，受到一定影响，因此，思想较先进，渴求进步，并对黄负生尤为敬仰，他们最终成为好朋友。

十三　人力车夫大罢工

武汉共产主义小组的一项重要工作，是有组织有计划地到纱厂去，到铁路工人中去，到码头工人中去，组织和领导工人运动。黄负生等人曾经到码头工人中去过，现在分工他领导人力车工人罢工，吓得那些外国领事、巡捕、中外资本家胆战心惊。

汉口约有 15 000 人力车夫，可算得是最下层的人了。全汉口的交通十分之八是依赖人力车，十分之一是靠马车，其余少数大资产阶级和军阀们是自备或雇用的小汽车。人力车夫们受尽生活的折磨和痛苦。尤其是租界的人力车租价相当高，原来租价一天一元钱，现在又要加价。因此，他们要求解放的斗争意愿很迫切，很坚决，他们反对车行资本家增加车租而举行大罢工。

一天，黄负生找来了郑凯卿和人力车工人袁浩成、樊一狗。他们衣衫褴褛，巾巾片片，补丁加补丁。黄负生客气地让他们坐下，详细地向他们介绍了 6 000 多人力车工人罢工的情况，同时了解了他们的疾苦和斗争。他还派郑凯卿化装成人力车工人，到群众中去做工作。这次坚持了一星期的罢工甚为壮烈，车夫被捕，仍举行示威大游行，与租界巡捕发生冲突，乃至流血。经过斗争，资本家被迫同意两星期不加车租，并同意释放被捕车夫。

可贪得无厌的车行资本家，为了攫取更大的利润，不顾工人的死活，于

1921 年 11 月，又一次宣布将每日每乘车车租由 800 文增加至 1 100 文。工人同志们大愤，又酝酿了再次罢工相对抗。黄负生代表中共武汉区党委是同意这一计划的，他除派郑凯卿去协助外，还亲自和施洋大律师同去帮助。

袁浩成等人见了黄负生高兴地拍起手来。施洋礼貌地向大伙一鞠躬。这位湖北竹山县出生的律师，生于 1889 年，生长于有着诗书传统的家庭，而后成为思想进步的革命家。他具有惊人的雄辩之才；他家境贫寒却不以谋衣食为急务，反而非常乐于帮助穷苦的人。他不辞劳苦，为他们的利益到处奔走呼吁，成为“贫民的拥护者”、“劳工律师”，因此，他的声威渐渐扬于武汉。

黄负生与施洋向为好友，还是在莺坊巷时期，两人就有交往。他们不满军阀的淫威，愤恨世界的不平，悲悯人民的痛苦，救国热忱高昂，是他两人素具的品质。他们与强权战，与黑暗势力战，为一切受痛苦的人民而战。当黄负生把这一任务交给施洋时，这位性情豪爽、一往无前的革命家立即接受了。

连日来，他们帮助人力车工人制订计划，为工人起草《罢工宣言》和《告各界父老兄弟姐妹书》，组织汉口人力车夫工会，发动各界人士声援罢工斗争，并将 6 000 余人组成人力车夫乞讨团，以此形成结队向租界行进。这些破衣烂衫、啼饥号寒的车夫队伍，边行进边唱起了黄负生作词作曲的《人力车夫歌》。路人听之观之，无不感动，泪流满面。在 1917 年 5 月，恽代英为台南群众抗日斗争曾要黄负生作词谱曲，黄负生一挥而就。现在他作的《人力车夫歌》，人人会唱，由此也壮大了队伍的声势，引起了社会各界的同情和支援。当队伍进入法租界时，租界当局出动大批军警，实行紧急戒严和野蛮镇压。工人群众义愤填膺，与军警展开搏斗。当工人们发现法国巡捕捕去 4 名工人时，也掳去 4 名法兵，并将法国巡捕房和领事馆团团围住。形势严峻，法领事如临大敌，十分恐慌，只好命令车行老板与工人妥协，并释放车夫，向中国人民道歉。团结战斗的人力车工人，取得了完全的胜利。

黄负生连日来也十分忙碌，不仅亲自领导这一运动，还到处写消息，写报道，发文稿，拟宣言，并作歌一首，让工人们都来演唱。正如邓中夏所说：“人力车工人的大罢工，开了当地一个新纪元，使职工运动有一个顺利的发展。”报刊评曰：“诚为我们对外交涉中最光荣的运动。”

最后，他们胜利地在大智门组织成立了汉口人力车夫工会。经过斗争，达成三条协议：一、成立车夫工会，不得干涉；二、取消加租；三、原租价减为 600 文。

车夫工会、京汉及粤汉铁路工会三大团体的相继成立，武汉劳动组合书记部成了工人阶级作战的指挥部，使武汉的劳工运动如潮水骤涨，迅猛发展起来。这场声势浩大的工人运动的斗争，使黄负生日夜忙碌，夜不成寐。人力车工人的悲惨生活是旧中国工人遭受到的层层压迫和剥削的典型。此次罢工，一呼百应，实是压迫愈重，反抗愈烈的表现。工人袁浩成、樊一狗声泪俱下地申诉，使广大的工人们悲愤至极。黄负生想到这些，流下了眼泪，胸部顿觉憋闷，不禁咳嗽起来。

王纯素走了过去，摸摸丈夫的头，觉得热乎乎的，说："正是寒冬腊月，你的头怎这么滚热？是不是发烧了？"

黄负生摇摇头说："不！不是！工人兄弟在这样天寒地冻的日子，还在外面四处乞讨，真令人揪心。我是急的这个，你不用担心。"

黄负生哪知道，因为过度的劳累，生活又苦，肺结核已经在慢慢地侵蚀他的身体。

王纯素轻柔地说："是的，工人的情况令你担忧，但你也应保重自己的身体呵！"

黄负生答："是的，我晓得。值得高兴的是我们游行的队伍多么威武雄壮呵！穿着破衣烂衫的工人们与帝国主义的军警展开了激烈的搏斗，终于取得了胜利。"

十四　觉醒了的女性

在黄负生的家中，有一群特别成员，她们都是青年知识妇女。他们由师生关系发展成革命同志关系，成为黄土坡大家庭成员中最亲近的一部分，也是当时革命不可缺少的力量。她们充满革命理想和英雄主义，为了祖国和人民的利益，她们全身心地投入到革命事业中去，并随时准备为这个美好群体的利益奉献，甚至自己的生命。

这就是黄负生、刘子通所培养的 12 个妇女骨干分子。12 个闹学潮起步的革命女将，她们是：夏之栩、袁溥之、袁震（袁溥之的妹妹）、陈孟兰、陈媲兰(陈孟兰之姊)、杨子烈、李文宜、庄有义、徐全直、王文先、吴本芳、刘玉珍。这 12 个人中有一半入了党，大部分入了团。

湖北女子师范学校，是一所五年制的旧式学校，带初中，小学毕业后就可进去。在"女子无才便是德"的时代，学校教育方法是读经，教育目的是教育女孩子"三从四德"，做贤妻良母。学校教员来自两湖书院，非两湖书院的人难得进去任教。它是第一师范、第二师范合并的，基础是第一女师，是当年湖北全省唯一的女子教育最高学府。女师坐落在武昌紫阳湖边（现武昌首义路武汉市第三十九中学），大门对着电灯厂，后面是黄土坡，黄土坡后是望山门、楚望台，电灯厂过去才是阅马场。学校校址宽大，校内栽种了许多梧桐、松树、冬青，一片葱茏，阴凉宜人。学校设备较好，是湖北省有名的学校之一。

该校校长王式玉是有名的封建学阀，但又想办学，找到刘子通、黄负生、陈潭秋。刘教伦理学，黄教国文，潭秋教英文。这三人都是会讲、会说、会写、会教书、会宣传的崭新的革命青年。他们旗帜鲜明地反对迫害和禁锢妇女的“三从四德”等封建礼教，提倡男女平等。他们讲十月革命和妇女解放，辅导她们学习《国家与革命》、《雇佣劳动与资本》等马列主义著作，把家庭斗争和社会斗争联系起来，甩开家庭束缚，到社会中去，到劳动群众中去。于是，她们具有了强烈的对社会、对革命的参与意识，走向社会，走向革命。女性的革命觉醒，由最初的被动转向自觉。这种自觉更使她们贴近、钟爱自己的革命启蒙老师黄负生、刘子通、陈潭秋，惟有他们的谆谆教导，才使得自己产生巨大的动力——奔向光明，奔向革命……

这些新的生命觉醒了！

觉醒了的生命是不甘心将自己的一生埋葬在旧的封建社会和帝国主义的奴役中的。她们奋力摆脱那种旧封建传统的束缚，努力创造追求新的生活的勇气和活力。她们寻找到了像黄负生这样的革命老师和他的家——黄土坡 26 号，并成为这个革命家庭中群体的一员。她们感到无比的兴奋和自豪。

“你看！负生老师来啦！走，听课去！”她们看见瘦削的穿着灰布长袍的负生老师走进课堂，“呼啦”一下，整个教室座无虚席，连窗子外都挤满了人，不是那个班的同学也来啦！黄老师戴副眼镜，声音洪亮，铿锵有力地讲述着革命道理。他上课时，根本不用当时审定的课本，而是选取《新青年》、《每周评论》、《武汉星期评论》等报刊上的文章和具有反封建意识的新小说及翻译作品作教材，向学生灌输新思想。同时，他们还向学生介绍十月革命和俄国建立社会主义制度，宣传全国的五四运动的革命精神，讲解妇女解放、男女平等的新观念，给沉闷死寂的女师带来了生机，激发了学生了解新事物、学习新思想的兴趣和热情。

她们可喜欢啦！一些进步的女同学在共产主义小组的领导下，成立了妇女读书会。这群女孩子像雏鹰开始起飞。她们对负生的家庭特别亲昵，一当走进黄土坡的大门，便叫着：“黄老师！黄师母！”然后，争相将黄宏济、黄宏世抱起来亲呀吻呀，逗得两个孩子哈哈大笑，亲热地叫着“姐姐”、“姨姨”的，缠着要她们唱歌、讲故事。在黄老师家，她们的心灵得以润泽。老师的光辉，像一面镜子，折射到自己身上，从而看到了自身存在的价值，体验到了共产主义思想的喜悦。其中最具朝气、斗志昂扬的，数夏之栩、李文宜、徐全直、袁溥之等人。

1918 年，夏之栩 12 岁，进入了女师第三班读书。她是夏娘娘唯一的女儿，自从她们举家搭木船从湖北宜昌顺长江到武昌后，娘俩相依为命，以钩针编结衣物和刺绣为生。她 5 岁时丧父。父亲死后，三叔不讲理，不许停留在家，家中细软、家什他都拿走了。于是她娘俩只得将棺木运到武昌候补街黄家巷后面的花园山——唐家花园，寄放在浙江会馆。娘俩就在大朝街、小朝街旁边的草湖门住下来。

草湖门旁有个湖，湖边有个军队的营盘。娘俩就接军队里官兵的衣服洗，一人一月 5 个钱，十个人就是 5 串钱，用以维持生活。以后又做小孩鞋、娘娘绱，做一双三五个钱。后来又打板带，是帆布绲边的，很硬；用钩针钩钱袋子，圆形的，可以装钱，论打，一打 12 条，大概净赚 15 个钱。母女俩就是这样过日子的。

之栩 12 岁时，就考上了湖北省立女子师范。这时，她们就搬到西川湖 5 号了。

西川湖的住户多半是贫民，对面的湖叫小丝湖，很脏、水草丛生，很臭。从西边（左边）小巷出去就是抚院街的正街，街中竖立着块大木牌，上书“惟楚有才”四个大字。柱子是红色的，白底黑字，很醒目；但因年久失修，有些腐了。右边是东卷棚、西卷棚。从抚院街往南是武胜门、横街头、粮道街。西川湖周围住的是下等妓女，板壁屋子里妓女一夜 500 文，老板 500 文，共一串。其余住的尽是些卖菜的小贩。

这个西川湖 5 号的房子，房租 6 串钱。那时一块钱换 800 文。这个房子是在黄土坡 26 号后，是党的第二个机关。

夏娘娘已经是五十岁左右的人了。此时她和女儿的思想开始起了变化，并逐渐成熟起来。每当之栩听说母亲要带她一起到黄土坡看黄老师时，她便高兴得跳起来，换上最好看的衣服，欢欢喜喜地来到黄土坡。黄土坡的先生们对这位意志坚强、思想进步的老人特别敬仰，并向母女俩讲俄国爆发十月革命、建立无产阶级专政的社会主义国家及社会发展史等马列主义的知识，这使她们听得津津有味。夏娘娘对这些“很好的老师”仰慕已久。那穿西服，身体瘦弱，戴近视眼镜，手里拿着《武汉星期评论》和几份报纸的，就是女同学们赞不绝口的黄负生。那语调深沉，音调很宽，宽脸盘、浓眉毛、双眼皮、高鼻梁、敦厚朴实的男人，就是陈潭秋。夏娘娘记起来，还在恽代英给负生的两个孩子取名的饭桌上，他们曾经认识过。另外一个高个子，蓄着几根稀疏的黑胡须的男子，便是被女同学们一再称好的刘子通。他说话时的声音洪亮，听起来令人十分悦耳。

这三人的风采以及高尚的情操和博大精深的学问，使夏娘娘十分钦佩。她正深思间，三人一起向她走来，握着她的手亲热地说："娘娘，您好！我们早就要看望您的！因为工作较忙，还没来得及。"负生说着将刚出版的《武汉星期评论》递给夏娘娘，请她审阅。

夏娘娘十分喜欢读他的新旧诗词和他的散文以及《武汉星期评论》上的文章，对负生的诗词有的甚至可以背诵！他们的行动和情绪完全感染了她，使她感到女性和当母亲的尊严。她心里想：他们也跟着之栩一样喊我做"娘娘"，内心无比激动地说："先生们！我才疏学浅，本是一妇道人家，知识不多，还望老师们多多指教。""不要这样说，娘娘！"站在娘娘身旁始终微笑着的负生拉着娘娘的手说："不要叫我们先生。应该说，我们为着共同的理想、事业而走到一起来的，是同志关系。我们共同的志愿是人人平等，四海一家，你会感到我们像一家人那样亲密无间的。"

果真这样，娘娘和这些心怀祖国和伟大革命理想的老师们成了一家人，尤其和品格端正的负生一家亲密无间。负生的两个孩子，犹如她的孩子。她和负生的妻子王纯素有着深厚的感情，帮她看守机关，照料同志们的生活。

十五　女师学潮

1922 年的秋天，湖北女师的全体学生掀起了一场剧烈的学生运动，事情的起因是校方解聘了进步教员刘子通。

刘子通是学生们所敬爱的老师，他博古通今，才华横溢。学生们最听他的话，遇事他说"行"就行，他说"不行"，大家也都不去做了。将这样好的老师毫无道理地革职，并串通官府将刘子通驱逐出境，这完全是受军阀指使该校校长、学阀王式玉采取的专制手段。当他们看到进步思想在学校蓬勃发展时就惶惶不可终日，不除之，不足为快。王式玉等人认为那些"过激"的言论"毒害"了同学，便拿出了最严厉的高压手段整治学生，以便遏止学生的所谓"过激"行动。

校长王式玉对同学们采取禁锢人们活动和精神的做法，如不准剪发，不准外出，不准与外面联系、通信等，节假日、星期天也不准学生个人行动，必须有家里人接和送等等。同学们对此早就十分愤恨。同学们听说要解聘刘老师，坚决不依，于是奋起罢课。同学们愤怒了，齐喊："罢课！""全体罢课！"

女师三年级的学生首先罢课了。

校方立即采取高压手段。首先，挂牌将领头的 5 个人开除，她们是夏之栩、李文宜、徐全直、袁溥之、杨子烈。

一潭死水的女师沸腾了："打倒封建礼教"、"争取妇女解放"、"打倒王式玉"、"打倒教育界的蟊贼"的口号此起彼伏。她们冲进校长室，把布告牌拿到校长面前，摔在地下用脚踏得粉碎。愤怒的学生差点没把校长的眼镜抓下来。接着又集体到教育厅请愿，并高呼："打倒你这个伪君子、伪善人，杀人不见血的假道学家!""王式玉，滚蛋!"

因为是夏之栩等 5 名学生摔了虎头牌，所以大家就叫她们 5 个人是"五虎上将"。

闹学潮这年，之栩才十五六岁。西川湖 5 号负生和娘娘的家，天天像开长流水席，那些女生、先生们一来，就叫："娘娘、黄师母，我们没吃饭，一样菜也可。"黄师母就赶紧撬炉子给同志们弄饭吃。熟练的黄师母一下子就拿出几个菜来。

在党的领导下的此次学生斗争，历时 8 个月，终于取得了胜利，学校换了新校长，王式玉调走了，被开除的学生恢复了学籍，并发了毕业证书。

正当武汉党组织的力量迅速发展时，1922 年，娘娘的女儿夏之栩入了团，1923 年转入了共产党，介绍人是陈潭秋同志。二七大罢工失败后，施洋等相继牺牲，黄土坡机关受到威胁，于是陈潭秋、徐全直、王纯素等人便一起到了江西安源煤矿工作，把宏济也带去了。1925 年，党中央又将陈潭秋、徐全直、王纯素同志调回武汉，潭秋任武汉区党委书记，领导武汉及湖北全省的工作。

这时陈潭秋、王纯素移住在党的第二秘密机关里，娘娘、纯素一起照料党的机关的生活。自然，两个孩子宏济、宏世也一起带回来了。这一家冒着革命风险、顶着风浪前进的生活，以及继黄土坡后第二革命机关的建立，给娘娘、纯素留下至死难忘的回忆……

自从西川湖娘娘家被封建军阀的警察和暗探盯梢，夏之栩被指名追捕，党组织就把夏之栩调到北京去了。

1926 年，娘娘也从武汉调到上海中共江苏省委担任掩护工作。1928、1929 年春天省委机关两次遭受破坏时，娘娘也两次被捕，都因无证据和她拒不承认被释放了。1934 年 11 月娘娘第三次被捕，在南京警备司令部囚禁了 7 个月，后来又转到国民党苏州反省院，在那里度过了漫长的刑期。

从夏娘娘最初看守武汉党组织秘密机关时起到第三次被捕时止，在长达 13 年的工作中，她都是勤勤恳恳地为同志们操劳，烧茶煮饭，洗衣缝补。富于正义感且饱尝过封建社会给妇女压迫的夏娘娘，积极鼓动并支援了女儿在学校领导的罢课斗争。在此前后，她的家就是革命者聚会的中心。

夏之栩呢？她1923年调到中共北方区委，当时李大钊是北方区委书记，赵世炎是宣传部部长，陈乔年是组织部部长。之栩1926年在上海担任中共中央秘书处秘书等职。她和赵世炎结婚，两次被捕。1927年7月19日世炎慷慨就义，同年陈延年、陈乔年也遭屠杀。1929年6月之栩去莫斯科中国共产党劳动大学学习，1931年回国，1933年3月前第三次被捕，关在江苏省第一监狱，夏娘娘被关在苏州反省院，母女俩分别近5年，直到1937年9月抗日战争时期才释放出来。此时，娘娘已近70岁，头发全白，两腿被敌人折磨得扶着板凳走路。母女相见时，抱头痛哭。

夏娘娘一家在严峻的考验面前，没有投降，没有屈服。在监牢中，她忘不了在武汉生活的15年，忘不了指导她娘儿俩前进的负生、潭秋、子通。她为女儿夏之栩成为中国共产党杰出的女干部、久经考验的共产主义忠诚战士、无产阶级革命家而骄傲。

1948年底，在晋绥解放区，党中央为夏娘娘做了80大寿。在她去世后，中共中央组织部追认她为中国共产党党员。

十六 李文宜的幼年

李文宜，就是那个在师范闹学潮第一个冲进校长室，用脚踏碎开除她们5个人的虎头牌的姑娘，她是“五虎上将”中的第一名女将。她有着有趣的幼年时代。

她是汉阳人。她曾祖父坐小船到武昌，住在沿河汉水畔的吊楼里。祖父怕人家说穷，打肿脸充胖子要穿长衫，因为穷人才穿短衫。祖母则把人家不要的衣服，染成各种花色，再做成小人衣服卖。祖母比祖父小十几岁，生了她的父亲。母亲会读书，但不准写字，怕学会写字，以后有书信来往不规矩。她母亲做手工打眼镜袋子卖，冬天烧锯末子烤火，把眼熏瞎了，但记忆力很好，会讲《三国演义》、《水浒传》故事，文宜5岁时就知道。有一年大雪封门，全家在被窝里吃米泡过日子。父亲原来卖荒货，后到老河口教堂宣导会当传导师。他却说：我不信教，我的心就是上帝，良心就是上帝；干这事，是不得已而为之，有些收入就行。文宜母亲要放脚，一个星期扯掉一尺裹脚布，再过一星期又一尺，再后就全松绑了，算是放了脚。父亲给人治病不要钱，还给穷人送药。乡下人一年到头给父亲送鸡、鸡蛋等。文宜三姐出生时生活就好多了，文宜小时更是没有鸡汤不吃饭。她家四姊妹二兄弟，从大哥算起，文宜是老五。大家都说三姐漂亮，白皮细肉，鼻子高高的，眼睛有点眯，所以戴副眼镜。父亲帮农民与牧师打官司，打输了，后来他们就坐船，一家人就到了汉口。汉口有个三伯爷，托他租了一间房住，同屋住的是卖猪鬃的，很臭。

文宜她小时草帽上绣有“多福多寿”四个字，隔壁的小孩来玩，把她的绣花草帽抢走了，她心里好一阵子不舒服。她那时穿红绫绣梅花的上衣，头戴鸡形帽，上面有许多金色的穗子，很好看。她们经常吃核桃，放在门缝里一压，核桃就破了，又好玩又好吃。一天，后面姓丁的人家，老大逗她玩，天黑了把她放在烟枪房里，房里没点灯，吓得她大叫。在她四五岁时，后面一家有人读天、地、日、月，她也跟着读。她母亲因儿女多，人家认为她母亲多子必多福，有人结婚就请文宜牵新娘，要她穿着新衣在轿旁转两圈。大姐出嫁用花轿来抬，大家说有花神，她没找到什么花神。大人把她骑在肩上玩，把她丢在石头乌龟上，他们自己玩去了，她瞎哭瞎闹。有一次，武昌都府堤办庙会，把她抱去玩，让她把眼睛闭着，在她手上写人、手、足、刀、尺。她反应很快，能说出写的什么字。

宣统二年，启秀女子学堂招生，文宜报名应考，清朝考官身穿蟒袍玉带，头戴顶子花翎，十分威严地点她的名考试。文宜考了备取第一名，她三姐升了高中，二姐进了师范班女子教员养成所。那时功课很多，地理、历史、国文、算术、修身、缝纫（手工）、音乐、体育。老师最喜欢她。她最喜欢过孔子的生日，她们三姊妹买一些包子到山上去看人祭祀孔子。遇上过中秋，玩河灯，姊妹三个也是满街跑。八月十九杀“鞑子”，枪炮打起来了，以为是兵变，大家坐着等天亮，隔壁挂白旗了，有的写“民国万岁”，有的写“驱除鞑虏”。老百姓说没有皇帝压迫了。她的母亲说应该杀宣统，她说宣统只 3 岁，与她的弟弟一般大，不应杀。后来她哥哥在都督府做事，回家来把布拉扯成长条子，上面有青天白日满地红徽章。

黎元洪走了后，哥哥就回来了，穿军服，配指挥刀。湖南敢死队也来了，她说为什么不到武昌来？到武昌来她也去。她姐姐说：“你这样小，哪个要你呢？”在武昌辛亥革命首义公园开秋瑾烈士会，彭、刘、杨纪念会，她都站在前排，所以她从小就受到革命教育，知道革命是要不怕牺牲的，是要杀头的。她唱歌声音比兄姐大，功课比兄姐好，她做家务事比兄姐做得多，所以把名字“哲时”改成了“文宜”。但是湖北女师招生时，她报了名却没去考试，得了倒数第一名，坐“红板凳”。家里哥哥姐姐笑她，父亲要她学画，说清早精气神好。母亲要她扫地，她却一起床头不梳、脸不洗、地不扫、茶杯不收，因此和父母闹起了矛盾。这样，她也不知道听哪个的好。她除了写字外，家中的活都要她做。家中订了许多报刊，郭沫若、鲁迅、沈雁冰、冰心等作家们的作品都买了，还订了《东方杂志》、《小说月报》、《自由坛》。姐姐看《妇女杂志》，弟弟看《小朋友》，文章不一定都看得懂，但知道意思就行了。她对父母说，要自立，不结婚。她 14 岁时不考女师，17 岁时受到五四运动的影响，丧权辱国的“二十一条”的刺激，又考了女师。她决心参加抵抗日本侵略的斗争。为此，在家锻炼身体，一天从井里扯几十桶水倒缸里，还用脚踩被子、用手做煤球等。家里人说她“这样蛮干会把腰闪了的”。她对五四运动非常关心，决心多交朋友，不久便交了 100 个朋友。这种积极进取的爱国主义思想，无处不表现出来。在学校下了课散步时，她就唱抗日的歌曲，对全校的抗日斗争，起了推动的作用。

1919 年，她 17 岁进了女师预科班，交了六姊妹，对她都很好。学校的两个校监从日本回来，小脚，梳着东洋头，头的四周拱起来，怪模怪样，对学生管得很严。女师学生多半是各县保送的，其余的是在武汉招收的。有的学生在家中就许了人家，有的对象是浪荡公子，有的是地痞流氓，她们不敢回家。家住武汉的，每个星期六可以回去，但来去都要家长接。学校有一校簿由校监专管，上写某年某月某时某学生离开学校，校监盖章；家里人也要盖章。返校回来的是黑牌子，未回的是红牌子，谁看都清清楚楚。有专管门监牌的人，严格得很。如外地来信，学校要拆看，有问题的信扣留不给本人。有时甚至连家信都要检查，发现可疑的没收。男客来探望，不准进去。

太平洋会议要将青岛交给国联管理，学生们不同意，但学校不准外出游行。王式玉为了应付新思潮，请来了刘王立明来讲演，请来黄负生、刘子通、陈潭秋来讲课，以缓解、调和校方和学生们的矛盾。

王式玉因为父亲死了，他在安陆“丁忧”三个月后，回来见学校不断出事。首先看见同学齐刷刷地把巴巴头剪了，十分恼火。于是要校监发话：“你们明天早晨跟我把头发接起来!”同学们都不理她的碴！文宜也把头发剪了，只留前面一点“搭毛”。礼拜天回家，父亲正在喝酒，见她如此头饰，也没说什么，还递给了她一杯酒，她一饮而尽。家人见父亲对她这样，也都不说了。

学校第二个变化是杨子烈破了校规，不穿校服，穿了一身白衣、白裙、白靴、白袜，不听校监的话。于是，有人也跟着穿起自己喜欢的衣服，多半是白斜襟上衣、黑湖皱长裙等，把校服掷在一边。杨子烈有个表哥，爱演戏、爱朗读，给文宜讲了《寄生草》。演戏、编剧也成了文宜的爱好，她着古装演《陶渊明记》，感动得台下人直哭。

另外，毁约抗婚之事闹得沸沸扬扬。王式玉认为这是黄负生、刘子通、陈潭秋新思想的影响。负生办的《武汉星期评论》上连载好几期刘子通的《改良湖北教育意见书》，校方认为都是异端邪说。女师当局以煽动学潮名义解聘刘子通。每星期一本的《武汉星期评论》，这更使湖北省教育厅畏若洪水。萧耀南要把刘子通驱逐出湖北，并解聘杨子烈等 5 人，另外请人上课。同学们不听代课的新老师讲课。王式玉就以“你们可以不考就升学”笼络人心。同学们还是不依，并致函校长王式玉，申明：“刘子通不复职，不上课。”并说：“我们不会上当，我们宁肯不升学，也要挽留刘子通老师。我们不是为了个人利益而罢课的，是为了正义和自由而斗争。”

袁溥之、袁震两姊妹更是坚持斗争。一个暑假，他们都在夏之栩、黄师母家里过，由董老、潭秋给她们补课。文宜反对开除 5 名同学，要求校方收回成命，并与学艺班的同学蓝淑文谈。蓝淑文同意文宜的意见，这样全校就串联开了。

党领导下的学生运动终于取得了胜利，王式玉滚蛋了，换了新校长，被开除的 5 名同学恢复了学籍；同学们在区党委领导下成立了妇女读书会，会员二十几人，骨干十二人。妇女运动的组织、领导者是负生、子通、潭秋老师。

黄土坡负生同志的家里，李文宜至少每星期去一次，听负生及其他老师的报告。后经董老介绍，1926 年 3 月她加入了中国共产党，成为中国共产党优秀党员、我国妇女运动的先驱者和著名社会活动家。

十七　“十二朵花”

在 12 个女生中，以全直性格最为刚烈，她保护 13 岁就考取了女师的夏之栩。袁溥之最聪慧，她 17 岁就考取女师。现将这 12 个妇女骨干分述如下——

一、夏之栩：1906 年生，浙江海宁人，别名夏之胥，1922 年 5 月在湖北女师加入中国社会主义青年团，1923 年加入中国共产党，曾任中共中央秘书处秘书等职，1929 年赴莫斯科中山大学学习，1932 年回国后在全总女工部工作。她是中共七大代表，与赵世炎结婚，新中国成立后曾任轻工业部副部长等职。

二、袁溥之：1904 年生，1921 年考上女师，那年才 17 岁。高高的个子，白白的脸蛋，胖乎乎的，不爱多说话，常带微笑，人叫“合合”。感情丰富，对革命热情极高。对负生、子通、潭秋老师，比父亲还亲，并与李文宜、王文先结拜为姐妹。她的国文好。对妇女运动，很是热心。她有一兄长叫袁之英，原是共产党党员，脱党后仇恨共产党，成了工贼、叛徒，到处招摇撞骗，后与黄色工会头头一起在汉阳被枪决。她对兄长袁之英的变节行为十分痛恨。

三、杨子烈：枣阳人，个子高高大大的，大圆脸，大眼睛，很聪明，但不细致。与袁溥之极好。女师风潮起时，她是领袖。梳个男人头，能说会道，胆子大，说话调门高，像个男人。打架她带头，打了王式玉一耳光。王式玉因此让步说："湖北好国文先生多得很，刘子通是政府驱逐的，与我无关。你们要哪个先生来上课，我们跟你们请。"同学们哪个听这些撒谎的话。

四、徐全直：瘦长个子，长长的脸，大大的眼睛，风姿绰约，性子有些火爆，但能言善辩，有才干，善于处理各种人和事。姊妹多，家贫。父亲坐牢时，子通照顾她们。徐全德、徐全勇都在女师毕业。

五、庄有义：应山人，她哥哥是应山县邮电局长。她总是沉默寡言，即使有很激愤的事也不言语，也不表露。子通说她"城府很深，摸不住她的思想情况"。打架时她也参加了，但不像别人那样激愤。她后来在上海跟中统特务做了姘头。

六、王文先：北方人。裹过脚，高个儿，剪短发，黑黑的皮肤，开会时喜欢发言，说话时好激动，女师闹事都有她的份。她与子烈好，子烈打架，她是助手。被开除后，和一批人到了上海平民女子学校。该校是党在建党初期办的，校长是李达。后来她到过苏联。

七、陈孟兰：陈媲兰的堂姐，有个性，不轻易表现，与党的关系很密切。大革命时期，因胡、陶反动，她到一纱厂讲演，被胡、陶枪杀在武昌后城马路，还脱了她的裤子，把刀插在阴户里。胡、陶穷凶极恶，在反动黑名单上名字用红笔一勾，批上"一律枪决，以免麻烦"四字。

八、吴本芳：湖北光化人。人很和气，喜欢笑，但没有远大理想，没有什么独立见解和思考，人云亦云。她的思想、士气、感情、包袱等，黄负生、刘子通摸得清清楚楚。

九、李文宜：原名李哲时，1922 年 5 月在湖北女师加入中国社会主义青年团，1926 年 3 月加入中国共产党，同月根据党的指示加入国民党，任国民党湖北省妇女部部长，利用自己身份大力推进湖北妇女运动。大革命失败后遭国民党通缉，转入地下斗争。解放后为全国政协常委、全国妇联常委。

十、刘玉珍：个子高大又胖。已剪发，像男人，作风比杨子烈粗。她们都有婚姻问题。参加共青团后，经党的教育，把社会斗争和家庭斗争联系起来。

十一、袁震：湖北光化县人，湖北女师毕业后考入武昌高师（现武汉大学）历史系。1930 年，23 岁的她又进入清华大学历史系继续深造，是屈指可数的才女。

十二、陈媲兰：黄陂人，说黄陂话。出身书香门第，有才气，当时已能在报上发表长文章了。入党后就把头发剪了。

这12个骨干分子中，有一半人加入了党，有的入了团。后来，徐全直与陈潭秋结婚，夏之栩与赵世炎结婚，李文宜与罗亦农结婚，杨子烈与张国焘结婚，陈媲兰与彭述之结婚，袁溥之与陈郁结婚，袁震与吴晗结婚，庄有义与陆沉结婚。

十八 早期工人运动的启蒙者

1920年秋，正如后来中共中央文件所指出的："各地共产主义小组的成员，便以相当大的力量直接投身到工人中去，从事比较深入的群众工作，这在中国其他政党是不曾有过的。"中国共产党在建党初期所引发的无限潜力和深入到江岸铁路工人中去的行动，预示了两年以后江岸的工人运动必然会进入新的阶段。

党的机关部在黄土坡时期，是党迅速建立和发展时期。但是，要开展武汉的劳工组合运动，与广大的劳工群众接触，一时没有门路，党、团员十余人，全为学校教职员，只有一个工人出身的郑凯卿。他失业很久，后在文华书院（当时是英国教会学校，后改为中华大学）当校工。他在武汉除人力车夫工会外，对其他行业也无接触。

当时，黄负生在汉口致忠中学教书。该校有一个学生叫孙瑞贤，是粤汉铁路徐家棚机务总段工厂厂长的儿子。黄负生将孙瑞贤介绍给黄土坡其他同志，并介绍他入了党，由孙瑞贤介绍认识了他的父亲孙敬芳。孙敬芳是厂长，不是党的工作对象。不久，又认识了孙瑞贤的叔叔孙联芳，他是翻砂工，是地道的产业工人。因为他是厂长的弟弟，又是工匠，也算是工人中的上层，其实还不是受压迫最深的工人。他对于党的宣传和组织活动，接受得不多。不过因为这些关系，黄土坡的党在徐家棚车站设了一所工人补习学校和工人子弟学校。

根子是栽下了，但是到哪里去找房子呢？施洋在爱国运动各界联合会中弄了些钱，在徐家棚盖了一所平民学校。黄负生与他商量，把平民学校改成工人补习学校，施洋无条件地把此房给了黄土坡。当时，党派李书渠（李伯刚）同志经常住在徐家棚，或是每月或间月去一次。又派陈潭秋的八弟陈荫林担任补习学校的英文教员，每天晚上去上课，赶最后一班车回到武昌，从通湘门下车回到南湖门，然后走回黄土坡。他们——陈潭秋、黄负生、包惠僧、陈荫林、李伯刚等党的领导者，深入到工人群众中去，了解工人的疾苦，向工人们宣传革命的道理，向工人们讲解劳动的伟大意义，说明工人受苦的原因是资产阶级的压迫与剥削。通过多种形式的阶级教育，工人们的阶级觉悟很快地得到了提高。在中国共产党和劳动组合书记部领导下，1921年秋到1923年春，掀起了中国工人运动第一次高潮。

贯穿祖国中原，从北京经河北、河南、湖北到汉口的京汉铁路，沿着千里铁路南下到汉口江岸，是京汉铁路南段一个大的铁路地区，在这里居住着 3 000 多铁路工人。为了尽快将这里的铁路工人组织起来，1921 年冬月的一个星期日，黄土坡举行了一次非常重要的会议。

这天，王纯素起来得很早，天蒙蒙亮她就提着篮子出门了。为了买点好牛肉和活喜头鱼，她在菜场寻找了好久。她想：工人同志平日辛苦了，今天头一次到黄土坡来，负生叫招待好一些，一定要有酒、有肉。黄负生待人向来诚恳热情，我一定办好这桌酒席。

等王纯素买菜回来，先生们也早就起来了，陈潭秋兄弟俩、黄负生、包惠僧、李汉俊等人都已穿戴得整整齐齐，好像会见工人兄弟是件特大的喜事似的。是的，是要让工人们了解：我们是些什么人？劳动组合书记部是个什么样的团体？共产党代表了什么阶级的利益？党的任务和奋斗目标是什么？工人阶级为什么要团结、要组织起来？这是个严肃的会议，仪表端庄也是很重要的。黄负生昨天还特别和陈潭秋系统地说：这些问题道理要讲深、讲透，计划要可行、周到，步骤要稳妥，帮助要具体等等。

不一会儿，7 个工人代表来了。他们是：林祥谦（福建闽侯人，江岸工务厂机器匠）；曾玉良（江苏扬州人，江岸机器厂车床匠）；大头、高个的黄桂荣（安徽人，翻砂匠）；能说会道，讲话调门高的杨德辅（湖北宜昌人）；瘦高个子，略识字的姜绍基（福建人，机匠）；黄子章；周天元（福建闽侯人，江岸机器厂镶配匠）。黄土坡党的负责人，热情地向他们介绍了组织工人运动的情况以及为什么要组织起来。陈潭秋、黄负生分别向工人们讲述了关于组织京汉铁路工会的重要意义，使林祥谦等人认识到，只有消除帮会思想，组织起来，搞好工人的团结，加强工人运动，才有力量战胜封建军阀。黄负生更以他亲自领导人力车罢工胜利的经验，介绍给铁路工人。包惠僧则讲了中国劳动组合书记部宗旨，说明了劳动组合书记部的理论和方法。李汉俊讲了怠工与罢工的区别以及世界各国工人运动的情况。由此，工人代表们了解了住在黄土坡的先生们都是有身份、有地位、有学问的人。他们同意立即组织起来，同时决定进行京汉铁路工人俱乐部的筹备工作，并确定了俱乐部筹备干事为杨德辅、黄桂荣、林祥谦，文书项德隆（项英），财务张濂光，庶务周天元。俱乐部筹备处地点设在江岸龙王庙。

从此，湖北地区的工人运动与全国的工人运动逐步汇合成一股响彻全国的狂飙。黄土坡（武汉区党委）就成为党领导的工人运动的发祥地和枢纽中心。

这一天，黄负生的两个小家伙也特别高兴，蹦蹦跳跳的，一口一声地叫着伯伯叔叔们，递烟递茶给工人伯伯。大人讲话，他俩搬个小板凳坐在旁边乖乖地听。他们已经习惯了，爸爸讲话时，谁也不准吵闹，要不就在厨房里帮妈妈的忙。

自这之后，武汉党组织派林育南、项英、施洋等人经常深入江岸刘家庙，领导筹建工人俱乐部工作。

刘家庙是距离汉口市区七八公里的城乡结合的小集镇，有一个小车站，离大智门几公里。街道很小，住着两三千工人，有商店、餐馆、小食店，但环境很脏，到处是垃圾。工人自己在街上搭些房屋住，有的是租的。有的房屋周围有菜园，有粪坑、池塘。

龙王庙在刘家庙偏北方向。那里人生活水平很低，人仅八九上十元一月，吃自己的，一天还做十几小时工，还要给工头做私事。阶级分析的方法使他们认识到，无报酬劳役是非法的。过去他们之间发生纠纷就到茶馆讲理，靠帮会协调一下；有了俱乐部后，他们就到俱乐部找工会解决。

项英是模范工厂纺织工人，是个埋头苦干的人，1922 年 4 月在中共武汉区党委的关怀下加入中国共产党。黄土坡党组织叫他印传单他就印传单，要他教书他就教书，工人们都很喜欢他。一是因为他是工人，二是他有文化，三是年轻。那时他二十多岁，像个小孩子，大家一见他就喜欢他。他在俱乐部给工人购置了一些读物、宣传小册子等：《两个工人的对话》、列宁的书，还有《什么是苏维埃》、《独秀文存》等。

当时，工人之间的帮派斗争很厉害，铁路工人中主要是湖北帮、安徽帮、福建帮、广东帮、山东帮等。筹备处干事杨德辅、管庶务的周天元是湖北帮的；干事林祥谦、管财务的张连光是福建帮的；干事黄桂荣、工人骨干曾玉良，是江南帮的。项英根据黄土坡党组织的指示，把调整各帮派的关系，用阶级教育来改造各帮派，为工人俱乐部的成立打下了很好的思想基础。

十九　英勇悲壮的二七工潮

1922 年 1 月 22 日，京汉铁路江岸工人俱乐部正式成立，把广大工人团结在俱乐部的周围。在这期间，京汉铁路全线 16 个主要站区相继成立了工人俱乐部。1922 年 8 月在郑州建立了京汉铁路总工会筹备委员会，1923 年 2 月 1 日在郑州正式举行全路总工会成立大会。

京汉铁路路段从北京至汉口长达 1224 公里，拥有 30 000 名铁路工人。为了抗议军阀的武装干涉，举行了震惊中外的反帝反封建的政治大罢工，为中国工人运动开辟了一个新的阶段——从改善生活的经济斗争，转变为争自由人权的政治斗争。

在罢工中，黄土坡武汉区党委和劳动组合书记部长江支部日夜紧张地工作。陈潭秋在黄土坡与江岸之间来回奔波，指挥着罢工斗争，并派项英、林育南、李伯刚等人奔赴第一线。铁路总工会法律顾问施洋大律师，热情地向工人同志们宣传、演讲，揭露军阀吴佩孚、萧耀南一伙破坏总工会的罪行。他还夜以继日地编写传单，争取各界同情，壮大罢工声势，坚持罢工斗争。

2 月 6 日，武汉党组织负责人陈潭秋和劳动组合书记部武汉分部负责人林育南等人，率领武汉 18 个工会团体和学生联合会的队伍，举着“支援京汉铁路工人兄弟们”的大旗，从四面八方汇集到江岸工会门前，召开万人大会。会后进行游行示威。这支万人游行队伍，由江岸福建街出发，高呼着“打倒帝国主义!”“打倒军阀!”“京汉铁路总工会万岁!”“全世界劳动者联合万岁!”的口号，英勇无畏地通过日、德、法、俄、英租界时，巡捕岗警都不敢阻拦。许多商店鸣放鞭炮，沿途又有 3 000 多人加入队伍，真是大长了中国人民的志气，大灭了中外反动派的威风。

2 月 7 日，腥风血雨笼罩着整个京汉铁路。这一天，林祥谦、施洋等 52 名革命先烈，赤胆忠心，甘洒热血，谱写了一曲壮烈的战歌，誓死与军阀进行义无反顾的英勇斗争。林祥谦、施洋及诸烈士惨遭敌人杀害后，激起了全国人民的愤怒。当时流传着一首二七歌谣：“军阀手中铁，工人颈上血；颈可折，肢可裂，奋斗的精神不熄灭！劳苦的群众们！快起来团结!”

中国工人阶级的杰出代表林祥谦、施洋及二七诸烈士为国捐躯、血流河山的英勇事迹震撼世界。他们平时常来往于黄土坡！现在，使黄土坡的气氛变得凄凉悲伤。项英等人一时也不知在何处避难。施洋惨遭残杀那天正好是农历除夕，家家户户都正在准备过年。黄土坡的人哪谈得上过节？陈潭秋等人忙着处理二七死难烈士的家属问题的同时，还忙着安排党组织转移问题，哪还顾得上吃什么“年饭”？王纯素抱着宏济、宏世泪水长流，整整哭了一夜。施洋及工人同志们惨遭残杀的情景，有如严寒刺骨，使她彻夜不眠。自黄负生被迫害去世后，她本已义愤填膺，现在又添新仇。她暗下决心，要以新的斗争方式去对付这些杀人不眨眼的帝国主义和军阀走狗。

在黑云密布、危机四伏中，群众激愤之气，真可移山填海。沉寂的江汉，由此而狂风暴雨，洪波浪涛，奔腾澎湃，激动全国，而且卷入到世界的劳工运动巨潮之中了。一向为“贫民的拥护者”、“劳工的律师”的施洋，生前在汉口人力车罢工运动中，他不仅出力，而且出钱。他对人力车夫的疾苦，体会得很深刻，替他们出主意，以法律顾问的身份，到租界工部局讲条件，使他们的工作和生活条件得到改善。全汉口的人力车夫都爱戴他，拥护他，都称他“施先生”。今天他竟然牺牲在刽子手的屠刀之下！

二七大屠杀工人纠察队被乱枪击散时，项英潜伏在江边，等到黄昏时才搭上一只小划子到法租界长清里熊晋槐家的。廖乾五也住在这里。项英就在此又重建联络处。当项英和黄土坡区党委联系上以后，他们马上着手调查工人死难的情况，拟订善后处理事宜，建立工会的秘密机关。善后救济是黄土坡党在当时的一个重要任务。善后工作，包括对死亡者的安葬，安排死亡者的家属和数百名被开除和失业的工人的生活，营救被关押的工人等等。一个年幼的党，遇到这样大的问题，不能不说是件大事；党组织又没有任何经费来源，只好一面进行募捐，一面组织救济机构，这都是颇费周折的事情。

在二七流血斗争中，黄土坡的党组织也遭受到威胁。为了安全起见，1923 年 2 月党中央决定调陈潭秋等人转移到安源煤矿任地委书记，王纯素携4 岁的宏济随陈潭秋一同前往。同行的还有徐全直、李求实、陆沉等人，他们后来加入了中国工人运动摆开的另一个战场，这就是安源煤矿工人俱乐部。

二十 《武汉星期评论》

《武汉星期评论》，这个 37 厘米长的铅印报纸，如一声春雷响彻长江两岸，浩瀚的春波使百川沸腾，翱翔的雄鹰在中原凌空高飞。它是继北京《每周评论》、湖南《湘江评论》、上海《星期评论》等刊物之后，又一个传播马克思主义、介绍十月革命的刊物。

它诞生于汉口后花楼永庆里一号黄负生所任职的学校致忠中学（见陈乃宣《武汉星期评论》）。致忠中学在五四运动前后，是恽代英和《武汉星期评论》经常联络、来往议事并领导、指挥五四学生运动，以及创办《学生周刊》、决定成立共存社的驻点和指挥所。《武汉星期评论》提倡改造社会、普及教育，并评论湖北政治、教育、社会各种问题，言论激进而不畏压迫，在武汉产生很大影响，受其感化而归从于革新运动者颇不乏人，因此更加激起反动派的反感。

黄负生全家住在致忠中学，由负生来创办和主编《武汉星期评论》也是理所当然的事。中国共产党成立后，《武汉星期评论》成为武汉党组织的机关刊物，刊物编辑部也随黄负生迁居黄土坡 26 号湖北武汉区党委机关部。在《武汉星期评论》刊头上，明确地写出武昌黄土坡 26 号楼上黄负生收。由此可以肯定：刊物的首任主编为黄负生，已确凿无疑。

无数的事实证明，因为黄负生在筹办《武汉星期评论》之前，已作为马克思主义研究小组和武汉共产主义小组成员进行活动，是我党建党之前无数的革命先驱者之一。他的实践活动，在五四运动前后，推动了中国传统文化进入新文化的转折时期。1915 年陈独秀在上海主编《青年杂志》——《新青年》的前身时，新思潮的浪花就在武汉兴起。当时以中华大学学生恽代英及他们的老师黄负生组织了互助社、利群书社、共存社，办理寄售《新青年》、《新潮》、上海《民国日报》、北京《晨报》的业务。他们先后创办了《互助》、《道枢》、《新声》、《学生周刊》、《我们的》数种刊物。当时黄负生、恽代英、陈潭秋、刘子通、林育南、李伯刚等人，多从事政治论文的写作，也有同时从事文学、诗歌、戏剧、散文等创作的，黄负生就是其中的佼佼者。在当时武汉文坛一片沉寂中，黄负生的作品流传长江流域。从他的作品中，看出他不仅站在时代前面，而且站在社会的底层，为人民说话。这一点对于当时还很闭塞的武汉，更加难能可贵。

所以，无论作为革命家还是作家，黄负生是有足够的能力和勇气担当《武汉星期评论》的主编的。他在 20 世纪初所进行的创作活动，倡导和实践了一条现实主义的创作原则，并具有明显的开拓性。现在所收集到的不全的作品，表明他是当代当之无愧的无产阶级和人民大众的现实主义革命作家，是湖北、武汉地区新文学革命运动的拓荒者。

比如：黄负生在 1921 年 10 月载于上海《平民报》第 4 期上的新诗《木芙蓉》，表明他的作品具有高度的思想性和艺术性。

木　芙　蓉

木芙蓉，
红灼灼；
今日颜色犹如昨。
今日之花今日开；
昨日之花尽枯落。
寄语看花人：
“管他什么今日与昨日！
管他什么荣华与枯落！

你只在这黄叶秋林中，
看取伊们底颜色，
天天是一样的红灼灼。”

黄负生在这首诗里，那“天天是一样的红灼灼”的颜色，“今日颜色犹如昨”，这难道不是一个共产党人的高尚、坚定不移的革命信念和道德品质的反映吗？黄负生那时和恽代英他们所提倡的“武昌式的”（引自恽代英日记）革命精神，无数先辈们所点燃的熊熊革命火焰，当然应该继续燃烧。无产阶级诗人在这里用了通俗易懂的歌谣体，用木芙蓉所开的花朵和灼灼可爱的形象，教导我们革命不要半途而废，不管在“今日与昨日”，不管在“荣华与枯落”、“黄叶”与“秋林”中，都应该是“红灼灼”的。无疑这是一首革命誓词。黄负生在写这首诗时，中国共产党已经诞生，湖北、武汉党的神经中枢已经在黄土坡正式建立。黄负生正是这一时期，拿起了战斗的笔，以极其旺盛的创作诗情，写出了不少作品。

当时，曾为《武汉星期评论》撰过稿的作者之一何定杰，在《回首往事话友情》（见华中工学院出版社 1981 年 7 月出版的《回忆陈潭秋》）一文中说：

《武汉星期评论》张朗（南）轩、钱亦石和我都是编委（最初），在武昌、黄土坡某宅集合开会，直接抓刊物的人姓黄。黄说：刊物的宗旨是揭露社会上的黑暗，文字要求浅显，主要给青年学生看。刊物发行份数很多，我在上边写过文章，题目和内容都由刊物主编指定。

作者之一的夏之栩也在《革命的引路人——忆陈潭秋同志》中追忆：

1921 年下半年，陈潭秋、黄负生、刘子通等一批进步老师来到女师任教……当时，他们办了一个《武汉星期评论》，是宣传新文化的刊物，由黄负生主编，我也为这个刊物写过稿。

该刊创刊于 1921 年 2 月。在党的创建时期，曾出刊数十期，实际上是武汉共产主义小组领导下编写、发行的最早的刊物。

该刊辟有评论、名著、调查、文艺、随意录、通讯等专栏。在人员组成方面，设撰稿组 12 人，编辑 2 人，会计审查员 2 人，调查员无定额，收发兼校对 1 人。经常撰稿人有陈潭秋、黄负生、刘子通、李汉俊、刘昌群、林育南、萧楚女、钱介磐、夏之栩、杨子烈、李伯刚、冼百言、何定杰、张朗轩等人。该刊发行处先是武昌利群书社，后改为时中书社和长沙文化书社代销。

刊物的代售处为什么公开写明在湖南长沙？这证明湖南和湖北两省党组织在建党初期就经常联系和往来，互相交流经验，互相派人联系，这也包括毛泽东同志在内。

《武汉星期评论》一创刊就主张改造社会、改革教育、解放妇女，揭露和批判封建军阀的反动统治。刊物先后发表黄负生的《军阀脚下底自治》，1922 年 5 月 1 日的《五一纪念号》增刊上发表过陈潭秋的专著《五一底略史》，号召工人阶级纪念以无数血肉博得来的庄严、灿烂的纪念日，并要继续不断地奋斗。此外还发表了林育南关于纪念五一、五四的文章，萧楚女的《资本制度的汉水流域》，并连载刘子通的《改良湖北教育意见书》等。该刊在指导和反映党领导的当地新文化运动、学生运动、妇女运动与劳工运动方面，作用是很显著的。此外，黄负生在上海、湖南、广东、江西党办的刊物和全国其他报刊上发表的评论与诗文，也博得广大群众的喜爱。

《五四运动在武汉资料选辑》在介绍《武汉星期评论》时说：

> 刊物经常反映和支持学生运动、工人运动和妇女解放运动，并且常常针对当时不少青年不满旧式婚姻，纷纷脱离夫妻关系的情况，写出文章指导青年正确对待婚姻问题，向青年说明中国妇女受压迫很深的事实，论述资产阶级（当时称第三阶级）妇女解放与无产阶级（当时称第四阶级）妇女解放问题的原则区别。在反基督教运动时，刊物也以辩证唯物主义的观点，揭示宗教的实质，对基督作过批判；根据知识青年不满现实、不满家庭的情绪日益广泛的情况，刊物还发表了文章，指导青年正确地认识世界，进而改造世界，配合当时马克思学说研究。①

《武汉星期评论》的光辉雄文，使千万人民心里点燃了发光的火柱，迸发出战斗的力量，向敌人投枪。这是对旧社会的反叛。它在当时获得很高的评价。1923 年 9 月《评论之评论》第 1 卷第 4 期上发表署名觉天的文章写道：“自从《每周评论》出世后……不久……被强权压迫下去了；他底兄弟如上海《星期评论》、成都《星期日》也慢慢地不堪恶势力底摧残而夭折了。现在却还有那如日初升，生气勃勃的《武汉星期评论》巍然独存于中国之中，大江之旁。……他底体例，同《每周评论》虽有多少不同，他底精神却或者过之。武汉是再黑暗不过底地方。主撰者都是青年，而竟能本着初衷一下一下地清道，真不能不叫人惊倒。”

19 世纪的中国还基本没有文学报刊。20 世纪世界最伟大的历史事件之一就是中国革命。随之革命报刊诞生在由旧民主主义革命向新民主主义革命转变的时

① 张影辉、孔祥征编：《五四运动在武汉资料选辑》，湖北人民出版社 1981 年版，第 294 页。

期，《武汉星期评论》就表现了当时先进分子黄负生等人的社会主义思想，它成为湖北、武汉共产主义者指导之下的刊物，正如《评论之评论》所说：该刊物处在“如日初升”之时。

此外，黄负生除主编该刊外，还负有校对及最后定稿的责任。每期他都要过江到汉口印刷厂去作最后的定稿校正工作。那时过江坐火轮 200 钱，坐划子 5 个铜板。在武圣门坐小划子顺江而下，顺流而下和小火轮一样快。那时的小火轮只有两条线：一条是汉阳门，一条是龙王庙。到封江时小划子不能走，就坐摆渡大帆布民船，船就着风势飞快地跑，叫“打枪”。“一枪”打至龙王庙，“一枪”打至下新河，“一枪”打至江汉关，走“之”字路，保险。每次，黄负生多半是搭晚 23 时最后一班的轮渡返回武昌黄土坡住地。

黄负生就是这样辛勤地在人民中播下了正义的种子，将火种撒进校园，播在人心。在工厂、在码头、在铁路、在学校，点燃了正义的烈火……

《武汉星期评论》创办发起人、首任主编黄负生，艰苦创业，白手起家，独立支撑。从筹稿、改稿、校稿到印刷、发行、筹办经费等，共编刊物 40 余期，直到逝世为止，历时两年有余，真可谓鞠躬尽瘁，死而后已！

二十一　（略）

二十二　伟人莅临

1922 年 1 月 17 日，湖南工人运动领袖黄爱、庞人铨被反动军阀杀害，担任中共湘区委员会书记兼湖南工团联合会干事的毛泽东同志，受到反动军阀赵恒惕的追捕，来到武汉。

毛泽东身穿长衫，常常坐在黄负生床前，握着黄负生的手谈话。黄负生向王纯素交代：“这位是从湖南来的‘稀客’，一位好领导！要好好招待，不能向外走漏一丁点儿风声。”王纯素完全听懂了丈夫的嘱咐。这位彬彬有礼的贵客喜欢吃辣椒。黄负生还加了一句：“他还蛮喜欢吃鳊鱼啦！”这种鳊鱼，就是武昌团头鲂，三国时就有记载。王纯素点头称是，说：“昨天我做的一碗豆豉辣椒炒肉，他几喜欢吃啊！”黄负生躺在床上，高兴地笑了！为遇见这位有远见卓识的领导者而笑！为有这样体贴能干的妻子而笑！

王纯素在党的秘密机关里，成了不可缺少的好帮手，革命大家庭的好主妇。

今天米缸里又没米了，她就将那一对陪嫁时的金耳环和几件衣物，拿到武昌当铺典当了。武汉典当业兴盛时不下数十家，王纯素对于当铺是熟悉的。每当她困难时，她就来这里。现在她将这些押品换回的不过是十来块钱和一张长约五寸、宽约三寸半的一张当票。王纯素用这些钱买了鳊鱼和鳜鱼、辣椒和野菜藜蒿等物，为这位湖南的毛先生做了可口的饭菜。半个月来，这位湖南稀客在屋里和黄负生亲切交谈。他是多么爱护、体贴黄负生呵！他总是握着黄负生的手，两人谈个不完！

毛泽东在这里还会见了陈潭秋、陈荫林、刘子通、包惠僧等人。这时，武汉许多产业工人已联合成立了工人俱乐部，但这种初期的联合还未能摆脱封建帮会习气，摩擦时有发生。武汉区党委领导人以此问题请教毛泽东，得到的回答是："帮会派别必须要消灭的，只有消灭了帮会派别，工人阶级才能达到真正的团结。"

毛泽东同志在黄土坡停留的半个月时间里，进一步密切了湘鄂两省工农关系。早在前一年（1921 年）4 月 10 日由黄负生主编创刊的《武汉星期评论》的报头上，除注明"武昌时中书社"发行外，还用醒目的铅字标明"长沙文化书社"同时发行。长沙文化书社正是由毛泽东同志所主持的，可见，湘鄂两地的党组织在早期活动中已有着密切的关系。

毛泽东看到博学多才的黄负生病情严重，除他本身体质弱外，也由于他为革命呕心沥血，历尽艰辛所造成的，感到痛心不已。而在病中的黄负生对凶暴的军阀追捕毛泽东同志，更是痛心疾首。毛泽东是用他的生命、他的智慧、他的热血拯救人民于水火之中，争取中国革命的胜利的。有了他，中国才有希望。

他俩多次在黄负生病榻前倾谈。毛泽东翻阅了大量的《武汉星期评论》和黄负生的诗文、政论等，对负生又有了进一步的了解，不禁使他想起了湖南党早期的杰出的马克思主义的理论家、宣传家、《湘江评论》主持人之一的蔡和森同志。他觉得黄负生与蔡和森同志有许多相似之处，随之赞誉道：

湖南有个蔡和森，湖北有个黄负生！

毛泽东同志对黄负生这一亲切的对称性的评语，是他对献身新文化启蒙运动和早期马克思主义宣传以及早期工人、学生运动组织者黄负生短暂一生的高度评价。这一评价当时即在一些党的负责人和党员中传开。直到几十年过去了，黄负生的子女宏济（黄钢）、宏世（黄铁）长大成人，革命前辈把这两个孤儿叫到面前，告诉他们毛主席对黄负生这一评语的经过时，他兄妹俩含着热泪听完了这一真实的叙述……

二十三　黄负生最后的日子

当毛泽东同志走后，黄负生即住进了武昌昙华林仁济医院。每天，王纯素要爬一个小坡到仁济医院给丈夫送饭及照顾他的生活起居，随着黄负生病情的恶化，她就整天陪住在医院。

每当她经过医院邻侧的中华大学校长陈时的公馆时，见一辆车灯、车铃擦得锃亮的人力包车守候在陈时公馆前，她便产生了一种刻骨的仇恨。

一天她去到病房，黄负生深情地问她："孩子呢？"

王纯素说："交给夏娘娘了！娘娘喜欢他两个。"

黄负生点头称"好"，并加重语气说，"很好！"然后拿出一首过去写的诗来，叫王纯素念给他听。这个贫民的女儿虽未正式读过书，但在同志们的帮助下，一般的报刊以至于小说等是可以读得懂的。

她开始念道：

奴　婢

一餐无食儿女饥；
两餐无食儿女啼；
三餐无食卖了儿女衣。

无衣儿身寒；
无食儿肚饥；
若要不寒又不饥？
除非儿女各东西。

卖儿作人奴；
卖女作人婢；
卖儿钱多少？
不及爷娘泪。
卖儿价如何？
不及柴米贵。

柴米有时尽，
儿女无还期。

爷娘倚门望，
望望日已西。
奴婢何尝不想娘；
主人鞭扑不敢望！

王纯素念完后，心中无限凄苦、无限悲痛，眼泪扑簌簌地直往下掉。她自从1914年19岁嫁给黄负生以来，二人相濡以沫，互敬互爱。现在黄负生想什么，她心里已经明白了。果然，黄负生有气无力、断断续续地对王纯素说：

“我死后，无论……无论如何困难，宏济不能卖给人，宏世也不能给人做小媳妇……他们姓张姓李均可……”说后，他便昏过去了……

王纯素扑在丈夫身上大声恸哭起来……

黄负生短暂的一生，是和苦难的民族命运息息相关的一生。在这茫茫楚天严峻的岁月里，三十年间，他作为一介书生，在教书的课堂上，在青年们的心中，播下了正义的种子；在工厂，在码头，在铁路，在租界，他点燃了斗争的烈火。他和战友们一起寻寻觅觅，终于在这沉闷的大地上点燃簇簇火星。和为追求真理的战友们聚集在一起，同住一个屋，共吃一锅饭，亲如姐妹兄弟。这是一个革命者的群体，一群飞翔着的雄鹰。从黄土坡出发，搏击着长江的波涛，奋勇向前。战友们！你们一定会成功的。他的生命却过早地结束了，他有着多么深沉的悲痛啊！但自豪的是他没有虚度年华。他面对旧世界，面对军阀支持下的黑暗势力的迫害，他没有退却！他是一个不屈不挠的共产主义战士。

黄负生弥留之际，挣扎着写下如下的辞世书。

朋友们！

唉！这样的社会，这样的环境，杀人的利剑四方八面密如雨点似的向我刺来；我的一颗心儿被彼刺碎了；我底脑子被彼搅翻了……我可不是投降环境的人呵！……——死——我是毫无怨艾的呵！……你们底希望，确实比较我多些，因为你们底身体都较我好；你们底学识与能力，更比较我好；你们底境遇也许比较我好；推翻现制度，建设新社会，除了诸君，还有谁呢？我深望诸君切实负起这重担子，向着腐旧而万恶的社会，勇猛地开放九十九生的大炮大大地轰斗起来。我知道你们必能成功，因为你们是有这种希望的人。我是失败了的人，只好瞑目地下，遥祝诸君的成功！

十一，一，十四，负生绝笔

写完给战友的绝笔书以后，想到自己的妻子和儿女。他柔情满怀，要同他们永别了，孩子们将失去依靠。他决心要把儿女托付给党内亲密的战友。挚友恽代英远在四川，托付给他已经来不及了，于是他提笔给刘子通写了这样一封信：

子通兄：

临死前最后的一刹那，不能忘情于宏济……我现在将宏济托与你，一切教养，均要你一人担负；他便算是你底儿子了。他将来不必姓黄，竟从你姓刘罢。你若是要打破这宗法制度，就随便要他姓张姓李均可。总之：你要可怜他是社会上一个可怜而可爱的孤儿，你不必当作负生底儿子罢了。

小女宏世，伊母要送与人。送与人做小媳妇，我不愿意，若送与人做女儿，也未尝不可。这都请你留意观察保护！

我底亲戚朋友，都不愿意我底行为，我是他们所谓大逆不道的人，我是被众人屏弃了的。你们几人不帮助我保护这可怜的小儿女，渠们便失所依附了。这些事情你和陈潭秋、包惠僧商办。

…………

十一，一，十四，负生绝笔

黄负生是个彻底的唯物主义者，对自己的丧事及其他事都作了嘱咐及安排，遗笔如下：

一、我死后，尸体焚化；骨灰任意投置何处。——如万不忍抛弃，则骨灰可以坛盛葬吾母墓旁，吾母坟，在洪山狮子山街街头李仁山山主——不必另殓新衣等等。更要避去择期安葬开吊等恶习。

二、刘汉生表兄、龚念澄表弟暨龚君姑母，渠们对于我读书上学，帮助极多。我不能稍有报答，此种感愧心思，临终的一刹那，犹萦绕不忘！二十年事事不如我意，只好徒呼负负而已！

三、吾妻纯素，不必守节，可任其意志自由恋爱改嫁；或受其父母之命，另用媒妁式改嫁；望戚友向伊好言劝导。我无遗产给伊，若伊不能觅独立生活，势非嫁不可也。更望吾妻勿为旧礼教所缚束！

四、宏济甚聪明可爱。我死后必失学；我特将宏济托给刘子通先生教养。以后成人，宏济姓黄姓刘姓张姓李，我家一概不问。子通先生也不必以宏济为负生之儿子而教养之，只可怜他是社会上一个可怜的童子罢了。

五、吾妻若十分不愿改嫁，也不愿归宁父母，就请同人帮助，为伊觅一生计独立之路。伊能缝纫，若租一间小房子，多介绍点生意，或者伊还可谋生。能帮助伊学一种工艺，则更妙矣。

六、朋友中徐禹声——广州前山北岭乡——帮助我极多；其次彭晴川——宜都县劝学所——我在危难中他曾借给我官票——五十串，至今未还。请同人代我写信，说我临终最后一刹那仍然感谢他俩！

七、我此次大病，包惠僧、陈潭秋、刘子通及诸同志，照拂我较亲手足情分尤为浓厚。仍恳诸兄于我未了事代为收束！

八、赠：郑凯卿《觉悟》十册，刘子通《胡适文存》一部，包惠僧《绝妙好词》一部，陈潭秋《吴虞文录》一册、《明末四百家遗民诗》一部，聊作纪念。

九、我有一本小说及诗稿，是从报纸上剪下来的，贴在《商务印书馆图书汇报》上面。请子通在女师收回。并请子通去留修改，赠给宏济，使他长大看看，也可作为纪念。其余文言诗词、《民报》之稿，都无可取，可一概焚之。

十一，一，十五，负生

黄负生于 1922 年 11 月 14、15 日两日接连写完遗书、遗嘱后已近于垂危状态，工人、学生、黄土坡的战友们轮流守护着他，热泪模糊了他们的眼睛，但也未能挽救那年轻的生命。那就让他睡吧！他太操劳了，一本本课卷，一篇篇文稿(政论稿写完后还要经中央审查)，一次次讲话，晚上回家，还要写报告编刊物，回答群众的来信……这位用笔和整个心声冲锋陷阵的战士，惜别了他曾经勤恳耕耘过的地方，惜别了抚育他成长的长江两岸，在雷火中走完他短暂的旅程。黄土坡的主人啊！壮志未酬身先死。

黄负生同志在临死前，保持了无产阶级的傲骨，他不为当时当地反动的威势所慑服，也不因任何利诱收买而失去自己的坚贞立场。他去世时年仅 31 岁。他斥责黑暗势力铿锵有力的话，以及他在绝笔书中表达的革命信念，既反映出他纯净高尚的革命理想和道德品质，同时也成了遗留给他的儿女、家属的宝贵箴言。

5 岁的宏济，跟随在哭泣的母亲身后，牵着母亲的衣角号啕大哭，随同武汉共产主义小组唯一的工人成员郑凯卿，护送他爸爸薄薄的棺木，沿着昙华林仁济医院，往城外洪山去安葬……夏娘娘抱着 3 岁的宏世，惊悉黄负生去世的消息后，精神恍惚，在西川湖住地天井里不觉跌了一跤，醒悟后痛哭失声，抱着宏世就往仁济医院跑……

学生们一批接一批前往医院、黄土坡、西川湖吊唁，往住在汉正街的外婆家去哭；他们送钱、送衣物、送布匹、送粮食等等给黄负生的家属，并在学生们中募捐……

《武汉星期评论》出了悼念黄负生同志的专刊。陈潭秋于5月7日在上海《民国日报》专门刊出纪念文章《负生底病——死》。

上海《民国时报》于5月15日在“血泪”栏刊出黄负生遗书一、遗书二及遗嘱。

广东省学生、教职员、工人连年都为黄负生家属募捐，叶挺同志特寄来500元现洋，要把宏济、宏世接到广东去念书。但这些钱都被包惠僧吞没了。党内开会批评他，他仍然打着黄负生的旗号到处募捐，可黄负生的家属并没有得到分文。不然，在大革命失败后，黄负生的遗孀和子女不至于遭受人世间凄苦、坎坷的生活磨难……

1945年在延安召开的党的第七次全国代表大会上，黄负生同志的名字被列入我党革命先烈名册。那一年的6月17日，毛泽东同志在延安召开的中央七大在悼念中国革命死难烈士大会上，作了感人肺腑的讲话。党中央有关机关通知黄负生之子——黄钢（黄宏济）以烈士家属的身份，出席了那天的大会。

最后的话

武汉这个革命的城市，它经历了那辉煌和苦难的岁月。武汉城市的革命知识分子和人民群众和他们后代的成长过程，是和党成立后的变化，党由幼小发展到强大分不开的。以黄负生为主的这个家庭，成了革命知识分子聚集、摸索革命的道路的地方，发动革命斗争的窝子和指挥部。从莺坊巷22号到致忠中学、到大车巷、到黄土坡，是这一群先进分子的努力和牺牲把时代向前推进了，唤醒、产生和组成了一个革命的队伍。正如中共武汉市委政策研究室原研究员程涛平博士在他的政治论文《追寻黄负生》所叙：“黄负生建党初期的特殊贡献，在于他为党提供了最初的办公场所。”他“举家投身革命，其劳甚巨，其功甚伟”。他家是革命英雄群体之家，是革命志士聚会、联系切磋、探讨革命真理、推动革命浪潮、掀起革命风暴的据点。

他们像一簇簇火焰燃烧着，在中国共产党的领导下，高举共产主义的旗帜，以披荆斩棘、英勇无畏的气概与统治者作斗争。他们所播下的革命的种子，也都伴随着革命而发展壮大。

黄负生像一颗明亮的星在武汉陨落了！然而，历史没有忘记他，中国共产党没有忘记他，武汉人民没有忘记他。在中国共产党战斗历程中，在湖北地区早期共产党活动中，黄负生的光辉形象，永远被人们铭记在脑海中，他的丰功伟绩将永远载入史册。他坚定的无产阶级立场和革命精神，将永远激励着我们前进。他和他们的梦，实现了的，未实现的，对于我们都是启迪和教育。

负生同志，亲爱的爸爸，您安息吧！

（载1997年第4期、1998年第1期、1998年第3期《武汉党史》，又载2002年第8、9、10、11、12期《武汉文史资料》，作者为黄负生女儿黄铁。收入本书时略有删改）

“不投降环境的人”

——中国共产党创建时期的党员黄负生

黄负生（1891—1922），名风清，字负生，中国共产党创建时期的党员之一。祖籍安徽休宁，其先世宦游湖北，寄住武昌，遂以为家。他是武汉共产党早期组织领导人之一，积极投身新文化运动和五四运动，热情宣传马克思主义，1920 年 8 月在武汉加入中共早期组织，为创建中国共产党做出了重要贡献。1921 年 7 月当选为中共武汉区执行委员会宣传委员兼《武汉星期评论》主编。毛泽东曾评价说：“湖南有个蔡和森，湖北有个黄负生。”1922 年 4 月，黄负生积劳成疾，在武昌花园山仁济医院病逝。

1945 年 4 月 23 日—6 月 11 日，在中国共产党第七次全国代表大会上，一批为中国革命英勇献身的党员被追认为烈士。建党初期 57 位党员之一、鲜为人知的黄负生名列中共中央组织部编印的《死难烈士英名录》中。

一、积极投身新文化运动

黄负生辛亥革命前肄业于武昌县华林工业传习所。他曾幻想在中国走“实业救国”的道路。但是，在帝国主义压迫和封建专制的旧中国，“实业救国”的理想根本无法实现。1911 年辛亥革命爆发，他加入学生新军，参加了这场伟大的斗争。1913 年，黄负生经应聘任中华大学（华中师范大学前身之一）国文教席。新文化运动在全国兴起后，他积极投入其中，先后在《光华学报》、《民报》、《妇女杂志》、《晨报》、《小说月报》、《觉悟》、《武汉星期评论》等报刊上发表时政论文和新小说、新诗歌，为华中地区新文化运动的开展做出了重要贡献。

首先，黄负生深刻揭露军阀当局独裁专制的本质。1915 年 5 月 8 日，黎宗岳主办的汉口《民报》创刊，以“奖掖真正之民意”为主旨，鼓吹“讨袁救国”，出版才 10 天，即遭查封。1916 年 6 月 6 日，袁世凯在北京殒命，国家陷入军阀割据局面。8月20日汉口《民报》复刊，黄负生为编撰之一。该报社论、时评锋芒毕露，凡军阀官僚之种种阴谋诡计，“揭露抨击，无所不至”。黄负生先后写了多篇时评，言论激昂，痛斥军阀当道，专制横行。他在《朝野新谭》中评议道：“在野者曰：以革命伟人忽而作帝孽首领，以专制忠臣忽而居共和高位，虽则人人虎变，终不免冯妇下堂之讥。”“在朝者曰：共和而不利于国民也，吾遂厉行专制，自居帝孽而不辞。专制复不利于国民也，吾遂号召革命，复得居共和之高位。尝试政体，是谓之经验也，至于成败，天也。”“记者曰：善哉！在朝者之言乎，故相魏武者之言曰：乱世之奸雄，治世之能臣也。”[①] 寥寥数语，将军阀政客玩弄民主、实则专制的嘴脸揭露无遗，这些乱世奸雄虽然嬗变，但终免不了失败的下场。在《超度》一文中，黄负生思想更是激进，鼓吹“超度”“万恶世界”，杀尽世间罪恶者，为时论所罕见。他指出：“黄巢、张献忠皆快人也，其嗜杀人如饮醇酒，想当刀光闪烁、颈血纷飞之际，必有一种不可思议之乐趣。”“或曰：杀人如何可乐？曰：人处此万恶世界中，日日作种种罪恶，有罪恶者皆可杀。于是天生黄巢、张献忠辈，一一以宝刀超度之，此其所以可杀也。”[②] 虽然黄负生在这里对农民起义领袖的言辞存在偏颇之处，但其痛恨专制社会，要杀尽罪恶者，推翻万恶世界的思想则是值得肯定的。在《大乱》一文中，黄负生的这一思想更是鲜明。他歌颂“大乱”“杀人”是“救济中国的良药”，疾呼杀尽“不织而衣，不耕而食”之“大盗”，矛头直指北洋军阀反动统治。文中指出：“天道往复无常，大乱之极，便得大治。非大乱能治天下，因大乱之余，人心厌乱，遂不治而治矣。惟乱乃能杀人，惟大乱乃能多杀人，多杀人便是救济中国之良药。试观此芸芸众生，有良心有真道德者，有几人织而衣，耕而食，不以欺诈自活者！又有几人无良心无道德，不织而衣，不耕而食！此是大盗，皆可杀也。”[③]

这时的黄负生还没有接触到马克思主义，因此他尚不能用历史唯物主义的观点去分析中国封建社会和军阀的阶级本质。当他接触并接受马克思主义之后，其思想境界就有了一个升华的过程。1921年爆发的湘鄂战争，把当时的湖北自治运动推向高潮。其时，许多人对自治运动的本质认识不清。当年8月，黄负生发表《军阀脚下底自治》，用唯物史观剖析了湖北自治运动，指出所谓自治不过是受军阀的“施与”与“卵翼”，希望湖北人民能够彻底觉悟，“对于冒牌自治底军

① 黄负生：《朝野新谭》，汉口《民报》1916年8月31日。
② 黄负生：《超度》，汉口《民报》1916年11月16日。
③ 黄负生：《大乱》，汉口《民报》1916年12月2日。

阀官僚根本推翻”，否则这种“军阀脚下底自治”[①] 与王占元等军阀的专制独裁统治并没有什么本质区别。

《夕阳会》[②] 描述的是在一个只有三四户人家的临水荒村一间茅屋前，茅屋主人钟姥姥和一个卖草鞋的王跛子及种菜的周三爹每天黄昏开始的闲聊会。当86岁的钟姥姥和周三爹讲完“长毛”和“洪杨”的故事、王跛子讲完他被拉夫抬担架以及当兵的如何残酷地将他的脚伤害致残的故事后，钟姥姥提出了一个问题：“洪杨是为大明朝报仇，因为我们顺了满朝……现在的兵，是为谁报仇呀？他要我们顺哪个呀？……兵是害人的吗？”这深刻揭露了军阀混乱给人民带来的灾难和雇佣兵的野蛮。《和平的死》[③] 通过对鞋工白眉阿大除夕夜偷看有钱人家过年，元宵节过后的一天走到洋货店却被人家当乞丐推出来以及几天以后饿死在自己鞋店里等情节的描写，控诉了封建专制社会人间的苦难。这世界没有和平与安乐，“不能随意得到一些儿美，一些儿爱”。

这一桩桩血泪史，一幅幅悲惨图，不正是军阀专制统治给人民带来的吗？

黄负生的新诗较之他的小说来，揭露军阀更为深刻。《湘鄂战争》[④] 严厉谴责军阀政客为争地盘谋私利而不顾人民和士兵死活的罪行，入木三分：

> 炮声隆隆/鼓声冬冬/炮声歇矣鼓声终/战士死矣，将军成功……将军之印大如斗/战士之命贱如狗/将军挥金如粪土/战士粪土难入口……哭声震天/水声匝地/官军决堤/民军一败不可起/人民之死亦多矣/将军之功诚伟矣/人民之死何足伤/将军之功不可忘……

原来所谓的“将军之功”，正是建立在“人民之死”的牺牲之上。

其次，黄负生大力控诉封建礼教的野蛮罪恶。他在新文化运动期间发表的小说和诗歌，深刻反映了中国社会底层的被压迫、被剥削的弱势群体的生活。《孤儿》[⑤] 讲的是一名陈姓孤儿饱经后母虐待坚持自学的故事，深刻揭露了封建家庭的黑暗。

在军阀专制的黑暗社会，封建婚姻不知残害了多少青年的生命。旅鄂湖南中学学生何南山，因不满封建包办婚姻，一再抗争，要求解除婚约，但终究得不到

---

① 黄负生：《军阀脚下底自治》，《武汉星期评论》1921年8月10日。

② 黄负生：《夕阳会》，《晨报副刊》1921年8月27、28日。

③ 黄负生：《和平的死》，《小说月报》第12卷第12号，1921年12月。

④ 黄负生：《湘鄂战争》，《民国日报》副刊《觉悟》，1921年9月22日。

⑤ 黄负生：《孤儿》，《光华学报》1916年第2、3期。

自由，被迫令成婚，因此抑郁致病而死。《婚姻制度下的普遍哭声》[①] 描绘的正是这样一个真实的故事：

父母之命，媒妁之言/婚姻制度，历代相传/神圣不可侵犯的礼教呵/你害死了多少青年

何生！何生/胡为而死/中国从无自由神/牛马婚姻分当尔

缔结牛马婚姻何生愁/不能解除婚约何生病/实践牛马婚姻何生死/何生！何生/胡不向社会大大地奋斗一场/如此牺牲亦可耻

朝请解除婚约，暮请解除婚约/毕竟自由得不着/父兮！母兮！不爱儿么/天乎！天乎！胡为而此虐

我想一脚踢翻吃人的礼教/两拳打倒多事的媒人/请出生身的父母/问他有没有爱恨/他若果有爱恨/又何必要做儿女的这样去牺牲

一条鲜活的生命，就这样被封建礼教杀害了。这怎能不令人扼腕叹息！怎能不激起人们对封建婚姻制度的愤懑！

综上所述，在新文化运动中，黄负生在文学革命方面所取得的成就是非常突出的。正如包惠僧所回忆的：“在文学革命的运动中，武汉方面，负生同志尽力独多。”[②] 经过新文化运动的洗礼，黄负生的思想进一步解放，为其逐渐由激进的民主主义者转变成为马克思主义者奠定了思想基础。

二、参与领导武汉地区五四运动

在新文化运动中，宣传新文化、新思想的社团如雨后春笋般破土而出。那时，全国许多爱国的进步青年，从中国优秀传统文化中吸收营养，立志修身养德、以德救国。1917 年暑假，恽代英、梁绍文应武昌青年会的邀请，赴庐山牯岭参加夏令学生会，深受启发，二人回到武昌后，便想在中华大学发起一个“不含宗教性质，每日严肃集会，相互报告，以助人为要务，以切实为信条”的青年组织。这年 10 月 8 日，恽代英、黄负生、梁绍文、冼伯言四人组织一社，名为互助社，以“自助助人”为宗旨。这是武汉成立的最早的青年进步社团。

互助社既是修养且为社会服务的团体，更是一个爱国主义的团体，成立后在

---

① 黄负生：《婚姻制度底下的普遍哭声》，《平民报》第 4 期，1921 年 10 月。

② 包惠僧：《黄负生同志传略》，1955 年 3 月 2 日，转引自黄钢主编：《黄负生纪念文集》，武汉出版社 2003 年版，第 380 页。

校内外引起极大反响，至 1917 年底就发展到 5 组 19 人。

1918 年 5 月，日本帝国主义与段祺瑞政府签订了卖国的《中日陆军共同防敌军事协定》。日本借此出兵中国东北，企图将我国东北变为它的殖民地。中国留日学生和全国爱国青年，立即兴起了反对日本帝国主义、谴责北洋军阀政府卖国行径的爱国浪潮。他们的直接行动，除游行抗议外，就是提倡国货、抵制日货。

互助社在武汉立即行动起来，他们联合湖北第一师范、外国语学校等学生，上街进行国货调查，编写武汉国货调查录和散发提倡用国货的传单。

身为教师的黄负生，与恽代英一起，坚决支持学生的革命行动，他们亲自指导编写与印刷国货调查录，是学生们的主心骨。

1919 年，北京爆发五四运动。消息传来，武汉爱国青年，在恽代英、黄负生、林育南等领导下，立即行动起来。互助社成员成为这次运动的骨干。

5 月 17 日，武汉学生联合会在中华大学成立，决定出版机关刊物《学生周刊》，请恽代英、黄负生写稿，社论常由恽代英撰写，时事评论则由黄负生执笔。

在武汉学生联合会的领导下，继 5 月 18 日举行全市大游行以后，31 日，学联又决定 6 月 1 日实行总罢课，同时发表了罢课宣言，提出三项要求：一是外交问题；二是斥责卖国贼问题；三是自由问题。并坚决表示：以上三条政府若不圆满答复，决不复课。

6 月 1 日清晨，湖北督军王占元派大批军警包围各校。武昌街上巡逻军警“首尾相衔，不绝于途，交通几为之断”，市民“惊慌万状，莫知其故”①。

爱国学生没有因王占元的恐吓而屈服，他们英勇无畏，向官厅宣战，冲开军警的封锁线，从粮道街、巡道岭、昙华林冲上大街，迅速汇合成汹涌澎湃的革命洪流，这洪流又卷向阅马场、黄鹤楼、督军府……整个武昌城内，爱国浪潮一浪高过一浪。

王占元命令军警残酷镇压手无寸铁的爱国学生。包围武昌高师的军警，对冲出学校的学生持枪乱戳，当场有十余名学生被刺伤，陈开泰同学身受数刀，血流满地，顿时晕倒在地。文华大学、高等商科学校、第一中学、甲种工业学校均有学生受伤，数十名学生被捕。这就是王占元制造的震惊全国的六一惨案。

6 月 3 日，爱国学生又向王占元宣战，上街示威游行，复遭军警血腥镇压，又有数十名学生受伤，许多学生被捕。仅中华大学就有 9 名学生受伤。王占元再

① 《学生游行演讲之热潮》，《汉口新闻报》1919 年 6 月 4 日。

次制造了六三惨案。

黄负生和恽代英等人写传单、发通电，向全国人民揭露王占元的暴行，又到医院看望受伤学生，商讨应对办法。据恽代英日记记载：“在汉发传单三十余纸。又发扇四把。扇为负生所备，鼓吹罢市。”[①] 6月10日，汉口开始罢市，从少数转为多数，“军警已无法干涉”。12日，武昌也全体罢市。与此同时，武汉工人阶级罢工潮也呼啸而起。

在三罢斗争的强大压力下，王占元被迫释放了被捕学生，并向北洋军阀政府去电，提出拒绝在和约上签字。黄负生与恽代英等人为此做出了重要贡献。

三、参与创建武汉共产党早期组织

五四运动后，马克思主义和各种社会主义新思潮在中国广泛传播。1920年2月1日，由恽代英、林育南等创办的利群书社于武昌横街头18号开业。黄负生是利群书社的骨干成员之一。随后，黄负生、刘子通等创办了《武汉星期评论》，社址初设在汉口后花楼永庆里致忠学校，后迁至武昌黄土坡26号。这是当时在武汉和长江中游传播马克思主义和各种新思潮的两个重要阵地。

在共产国际和俄共（布）的帮助下，1920年6月，上海的共产党早期组织宣告成立。这是中国的第一个共产党早期组织。其实，在共产国际代表来华前，陈独秀、李大钊就在商议如何在中国建立共产党组织的问题。史称“南陈北李，相约建党”。

上海的共产党早期组织建立不久，在陈独秀的具体指导和帮助下，武汉的共产党早期组织也宣告成立，成员有董必武、陈潭秋、刘伯垂、郑凯卿、包惠僧、赵子健、张国恩。随后，经陈潭秋介绍，黄负生也参加了武汉共产党早期组织，成为利群书社中的第一位中共早期党员。不久，刘子通、赵子俊也被吸收入党。

武汉的共产党早期组织成立后，急需一个办公与活动的场所。黄负生夫妇选中了黄土坡中段26号，这原是一家报社的旧址，三楼三底三开间，四周是旷野，上街直通武昌闹市区，闹中取静，颇适合秘密从事党的工作。

房子选定后，黄负生携夫人及子女迁往这里，中共湖北党组织机关与中国劳动组合书记部武汉分部也相继在这里办公。

黄负生除了教书、写稿、编刊以外，还与陈潭秋、李汉俊轮流辅导妇女读书

① 《恽代英全集》第3卷，人民出版社2014年版，第248页。

会的青年学习《国家与革命》、《雇佣劳动与资本》、《共产党宣言》等马列著作，会见因追求真理慕名而来的工人和学生。他戏称这种拼命工作的精神为“武昌式的革命精神”，黄负生创作过一首题为《木芙蓉》[①] 的诗：

木芙蓉，红灼灼/今日颜色犹如昨/今日之花今日开/昨日之花尽枯落/寄语看花人/管他什么今日与昨日/管他什么荣华与枯落/你只在这黄叶秋林中/看取伊们底颜色/天天是一样的红灼灼/

诗言志。这首诗正是黄负生坚定革命立场的真实写照。

1921 年 8 月，参加中国共产党第一次全国代表大会后的董必武、陈潭秋回到武汉，遵照大会的决议，建立中共武汉地方委员会，后改为中共武汉区执行委员会，作为湖北地区党组织的领导机关。包惠僧任书记，陈潭秋为组织委员，黄负生为宣传委员。

1921 年 9 月 23 日出版的上海《民国日报》副刊《觉悟》上，发表了黄负生写的一首新诗《奴婢》：

一餐无食儿女饥/两餐无食女儿啼/三餐无食卖了儿女衣/

无衣儿身寒/无食儿肚饥/若要不寒又不饥/除非儿女各东西/

卖儿作人奴/卖女作人婢/卖儿钱多少/不及爷娘泪/卖儿价如何/不及柴米贵/

柴米有时尽/儿女无还期/爷娘倚门望/望望日已西/奴婢何尝不想娘/主人鞭扑不敢望/

一九二一年九月十四日

这既是对军阀统治下人民悲惨生活的揭露和控诉，也是他自己清贫生活的真实写照。当时的党组织，经费十分困难，不支工薪，大家都是一面做党的工作，一面自谋生路。黄负生这时在中华大学任教，还在湖北女子师范兼任钟点课教师，工作十分繁忙。由于生活艰苦，劳累过度，黄负生积劳成疾，患上了严重的肺痨。

1922 年 1 月 14 日深夜，自知将不久于人世的黄负生写下了《绝笔书》：

朋友们：

唉！这样的社会，这样的环境，杀人的利剑四方八面密如雨点似的向我刺来；我的一颗心儿被彼刺碎了；我底脑子被彼搅翻了；我是已经无抵抗力了；可怜我是失败了！……我可不是投降环境的人呵！……死——我是毫无

① 载上海《民国日报》副刊《觉悟》，1921 年 11 月 28 日。

怨艾的呵！……我毕竟是失败了的人！你们底希望，确是比较我多些，因为你们底身体都较我好；你们底学识与能力，更比较我好；你们底境遇也许比较我好；推翻现社会，建设新社会，除了诸君，还有谁呢？我深望诸君切实负起这重担子，向着腐旧而万恶的社会，勇猛地开放九十九生的大炮大大地轰斗起来。我知道你们必能成功，因为你们是有这种希望的人。我是失败了的人，只好瞑目地下，遥祝诸君的成功！

十一，一，十四，负生绝笔

这就是一个共产党员临终前向党倾诉的肺腑之言。从这朴实无华的语言中，我们看到了他那一颗滚烫的忠于党、忠于革命的赤诚的初心。

写完绝笔书，黄负生又想起了自己的儿女和夫人，他深感愧对子女，没有能力把他们抚养成人，也愧对朝夕相伴的妻子。自 1914 年结婚后，妻子一直精心地照料他和孩子，特别是搬进新家后，妻子也成了党的人，成了这个家的“主管”，同志们的伙食、缝补浆洗、交通、联络、放哨等一手包揽，把这个“家”管得井井有条。自己走后，他们怎么办呢？黄负生这时想到的仍然是党组织和同志们，只好向同志托孤。同志当中，除他以外，属刘子通[①]年长，因此，他特地拜托刘子通。

子通兄：

临死前最后的一刹那，不能忘情于宏济……我现在将宏济托与你，一切教养，均要你一人担负；他便算是你底儿子了。他将来不必姓黄，竟从你姓刘罢。你若是要打破这宗法制度，就随便要他姓张姓李均可。总之：你要可怜他是社会上一个可怜而可爱的孤儿，你不必当作负生底儿子罢了。

小女宏世，伊母要送与人。送与人做小媳妇，我不愿意，若送与人做女儿，也未尝不可。这都请你留意观察保护！

…………

又，吾妻拟属其改嫁，请你们劝导。

十一，一，十四，负生绝笔

第二天夜晚，他又挣扎着写完了自己最后要说的话：

一、我死后，尸体焚化；骨灰任意投置何处。——如万不忍抛弃，则骨灰可以坛盛葬吾母墓旁，吾母坟，在洪山狮子山街街头李仁山山主——不必

① 刘子通（1885—1924），字子栋，谱名泰湘，湖北黄冈（现黄冈市团风县）人，1921 年加入中国共产党，中共湖北早期党组织机关刊物《武汉星期评论》的创办者和主编之一。因遭军阀通缉和过于操劳而成疾，于 1924 年 3 月病逝，终年 39 岁。

另殓新衣等等。更要避去择期安葬开吊等恶习。

…………

三、吾妻纯素，不必守节，可任其意志自由恋爱改嫁；或受其父母之命，另用媒妁式改嫁；望戚友向伊好言劝导。我无遗产给伊，若伊不能觅独立生活，势非嫁不可也。更望吾妻勿为旧礼教所缚束！

…………

五、吾妻若十分不愿改嫁，也不愿归宁父母，就请同人帮助，为伊觅一生计独立之路。伊能缝纫，若租一间小房子，多介绍点生意，或者伊还可谋生。能帮助伊学一种工艺，则更妙矣。

写到这里，黄负生又想起了他的战友，死别甚于生离，他不能忘怀战友们对他的情谊：

我此次大病，包惠僧[①]、陈潭秋[②]、刘子通及诸同志，照拂我较亲手足情分尤为浓厚。仍恳请兄于我未了事代为收束！

他实在没有什么东西酬谢战友，十分愧疚，但还是决定要给同志们留点纪念，以谢战友：

赠：郑凯卿《觉悟》十册，刘子通《胡适文存》一部，包惠僧《绝妙好词》一部，陈潭秋《吴虞文录》一册、《明末四百家遗民诗》一部。

黄负生的这些绝笔，后来以《血泪》为题，发表在 1922 年 5 月 15 日出版的上海《民国日报》副刊《觉悟》上。

黄负生于 1922 年 4 月逝世。他的生命是短暂的，但是他在中国共产党创建时期为革命所做的贡献将永载史册。

（李良明，华中师范大学马克思主义学院教授、博士生导师。）

---

① 包惠僧（1894—1979），湖北黄冈（现黄冈市团风县）人，1919 年北京大学文学系肄业，1920 年在武昌开展中共早期组织创建工作，1921 年参加了中国共产党第一次全国代表大会，曾任中共武汉区委员会委员长、黄埔军校政治部主任等职。大革命失败后脱离了党的组织关系，1949 年 11 月毅然从澳门回到北京，1950 年入华北人民革命大学政治研究院学习，后任内务部研究员、内务部参事，从 1957 年 4 月起任国务院参事。1979 年 7 月 2 日病逝于北京，终年 85 岁。

② 陈潭秋（1896—1943），湖北黄冈（现黄冈市团风县）人，无产阶级革命家，著名革命英烈。1920 年与董必武等创建中共湖北早期组织，为中国共产党第一次全国代表大会代表、中国共产党的创始人之一。历任中共武昌地委委员长、中共江西省委书记、中共满州总行委书记、中共福建省委书记、中华苏维埃共和国粮食部部长、中共驻共产国际代表、中共中央驻新疆代表和八路军驻新疆办事处负责人。1943 年 9 月 27 日夜，他与毛泽民、林路基一起，被新疆军阀盛世才秘密杀害，英勇就义。周恩来评价说：“潭秋同志是真正的布尔什维克，他一生的革命经历有一个很大的特点，就是经常受命于危难之时。他顾全大局，不计较个人恩怨、得失，每次都能够在形势非常不利的情况下正确应对，挽救危局，避免和减少了党的损失。”他是“100 位为新中国成立作出突出贡献的英雄模范人物”之一。

读《军阀脚下底自治》

笔者在收集武汉地区现代史资料时，欣喜地发现了武汉地区中国共产党创始人之一黄负生于 1921 年 8 月 10 日在《武汉星期评论》第 23 号上发表的《军阀脚下底自治》。这篇时评虽然只有 600 多个字，但反映出来的思想却十分丰富。这是迄今发现的黄负生成为马克思主义者后唯一的一篇对政局发表评论的文章。鉴于他是武汉地区党从事宣传的负责人，因而这篇文章也成为人们研究武汉地区党的宣传战线的一份十分珍贵的资料。

文章发表的时代背景

黄负生的文章是针对当时正在兴起的自治运动而发表的。20 世纪初掀起的省自治运动和联省自治运动，是中国现代史的一个重要事件。湖北自治运动是这场声势浩大运动的中心之一。

湖北自治运动发轫于清末，这时地方自治仅是一种政治主张，没有形成运动。1909 年 7 月由鄂籍留日学生张伯烈、汤化龙、孔庚、何成浚等在东京新宿区赤城元町花月亭成立了湖北地方自治研究所，并发行《湖北地方自治研究会杂志》。在其宣言中宣称：地方杂志是体现主权在民之根本。立宪基于国会，国会基于地方自治，故地方自治实为“国会之母”[①]，最能体现人民的义务和权力，作为政体应是中央和地方分权制。很显然，这是将西方联邦制搬到中国的最初尝试之一。

辛亥革命推翻了封建帝制，但建立什么样政体的国家，政治家们有不同的方案，联邦制的主张较为盛行。《中国民国鄂州约法》确定了省区的地位和权力以及与中央政府的关系。稍后，黎元洪公开鼓吹“建立联邦国家”[②]。在南京代表

① 《湖北地方自治研究会宣言书》，《湖北地方自治研究会杂志》第一号，1909 年 10 月 20 日。

② 李达嘉：《民国初年的联省自治运动》，弘文馆出版社 1988 年版，第 19 页。

会议上，湖北代表主张“地方分权”[①]。但涌动一时的联邦主张，很快随着南京、北京中央政府的建立，轻易地被中央集权的政治动作所压倒。1917 年 12 月，在黎元洪暗中策动和孙中山的支持下，黎天才、石星川等将领发动了荆襄自主。与此相呼应的是，在省内又有秘密的“制省宪之运动”[②]。起义失败后，自治运动就跌入谷底。

1920 年 8 月到 1922 年 3 月，湖北自治运动被推向了顶峰，成为影响全国的重大事件。这次运动的斗争锋芒直指湖北督军王占元。王是山东馆陶（今属河北省）人，自 1914 年统治湖北后，任人唯亲，“姻亚乡谊，布满要津”[③]，在 69 个县级地方官员中，王占元亲信竟占 49 个。他肆意豪取强夺，聚敛达 8 000 万元之巨(不包括不动产，仅武汉一地的不动产的价值便达 1 000 万元左右)，他将富庶之区，搞得商业凋敝，财政枯竭，民不聊生。他对袁世凯复辟帝制，曲意奉承。他先后镇压“二次革命”、白朗起义、荆襄独立；在五四运动中，又制造“六一”、“六三”震惊全国的惨案。他的倒行逆施激起湖北人民的无比愤怒，反王暗潮此起彼伏。

1920 年 8 月 28 日，北京政府根据王占元的保荐，阁议通过王的亲家、年逾六旬的孙振家（鲁籍）为湖北省长，使斗争公开化。次日（29 日）湖北旅京同乡会首先发难，要求政府收回成命。31 日省议会召开紧急会议，反对易换省长。同时客居津门的黎元洪、周树模等鄂籍旧官僚发通电，指出“今民治决，乃世界大势所趋，各省既已行之，鄂省岂宜独异?”[④] 9 月 10 日，旅沪湖北自治会发电，矛头直指王占元，宣布他祸鄂的五大罪状：暗助袁世凯、张勋复辟帝制；为督军团成员之一，毁法助选；据鄂七载，搜刮商富数千万；破坏司法独立；任用坏人[⑤]。20 日该会月刊《新湖北》开始发行，其刊以“本国民自决精神，实行民治，以铲除军阀官僚政治为宗旨”[⑥]。

9 月 18 日，北京政府在各方压力下，免去孙振家的省长职务，任命原平政院院长夏康（湖北黄冈籍）为省长。这个决定遭到王占元的抵制和反对，于是这场运动转化为倒夏和拥夏的斗争。由于王占元反对，夏寿康在京滞留 65 天之久，

---

① 《新湖北的运动和省民自决》，《新湖北》第 1 卷第 1 号，1920 年 9 月。
② 《湖北自治运动》，《大汉报》1922 年 5 月 14 日。
③ 《鄂州惨记》，交通印书馆 1922 年版，第 9 页。
④ 《新湖北的运动和省民自决》，《新湖北》第 1 卷第 1 号，1920 年 9 月。
⑤ 《新湖北的运动和省民自决》，《新湖北》第 1 卷第 1 号，1920 年 9 月。
⑥ 《新湖北的运动和省民自决》，《新湖北》第 1 卷第 1 号，1920 年 9 月。

11月22日才抵汉。王占元明派兵保护，实则相威逼，使新上任的夏寿康不敢在武昌省署办公，而躲到汉口英租界内的汉口商场督办处。毫无实力的夏寿康只有利用正在兴起的自治运动以固位。1921年1月1日，湖北全省自治筹备处成立。1月14日，夏在设宴招待筹备处成员时声称："自治为共和国真谛，本届着手创办，须群策群力，按各级制度，顺序而施。"[①] 在此前后，湖北地方自治筹备会（后改名湖北全省自治期成会）、湖北地方自治研究会、各县自治联合会、省宪讨论会、民治促进会等有关团体纷纷成立，形成了一个小高潮。

面对以鄂人治鄂为中心的湖北自治运动，王占元策动夏派攻击自治筹备处，并派代表赴京，陈述夏到鄂后的种种"恶迹"，致使倒夏声势越来越大。此时王占元又保荐与北洋军阀颇有"旧谊"的刘承恩（湖北黄陂人）为省长。1921年3月8日，北京政府免去夏的省长职务，改任刘主鄂政。至此，省长风潮告一段落。

身为"长江三督"的王占元，长期克扣军饷、侵吞军费，造成兵变迭起。据不完全的统计，仅1920年—1921年6月，就发生兵变20余起。1921年6月4日宜昌发生兵变，7月武昌又发生兵变，造成财产损失7000万元，受害、无家可归者约2.5万人。王占元的罪行激起举国声讨，湖北自治运动再起高潮，主题由要求鄂籍省长转换为罢免王占元。6月19日，在京的湖北11府州代表李继膺等前往新华门，要求政府免去王的督军职务，但遭拒绝。严酷的事实教育了湖北自治运动中的有识之士，认识到在军阀武力下谋取自治，无疑是"与虎谋皮"[②]。人民不能"托民"于包庇王占元的北京政府，遂"起立自治，以图生存"[③]。于是他们兵分两路，到邻省请兵援鄂驱王。一路是主力，有蒋作宾、孔庚、李书城、施洋等赴长沙，请湖南军阀赵恒惕举兵北上；一路有潘正道、董必武、詹大悲等赴四川，请四川军阀熊克武、刘湘等发兵东进。

7月22日，在长沙的湖北籍万余人举行大会，成立湖北自治政府，蒋作宾为临时省总监，孔庚任政务院长，施洋任秘书。同时湖北自治军成立，夏斗寅为前敌司令。自治政府的宗旨是"铲除军阀，发扬民治"[④]。26日赵恒惕在长沙总司令部举行援鄂誓师典礼，自任援鄂自治军总司令，发兵三路进攻湖北。至此，湘鄂战争爆发。湘鄂战争将湖北自治运动推向了顶峰，标志着运动形式由一般的

① 《湖北省自治筹备处成立》，《汉口新闻报》1921年1月16日。
② 《湖北自治军敬告本省父老兄弟诸姐妹书》，中国第二历史档案馆收藏。
③ 《湖北自治军敬告本省父老兄弟诸姐妹书》，中国第二历史档案馆收藏。
④ 《湖北自治军敬告本省父老兄弟诸姐妹书》，中国第二历史档案作收藏。

政治斗争转换成激烈的军事较量，构成了民初期自治运动的最高斗争形式和湖北自治运动有别于外省的最显著特点。

战争爆发后，王占元急电北京政府，请曹锟、吴佩孚发兵援鄂。控制北京政权的曹、吴决定援鄂不援王，趁机取王而代之。7 月下旬，吴佩孚派直系鄂籍将领萧耀南率一师一混成旅驻扎汉口、武昌作壁上观。王军挡不住湘军的攻势，节节败退，7 月 31 日失赵李桥，8 月 5 日又失通城，次日全线动摇。王占元亲往刘家庙谒萧耀南，乞其援助。萧非但不发一兵一卒，反而占据汉阳兵工厂，把守鲇鱼套火车站。王见大势已去，只好通电辞职。9 日，北京政府准免王占元本兼各职，任命吴佩孚为两湖巡阅使，萧耀南为湖北督军。

当然，这场改良主义运动发生在湖北不是偶然的，它是当时全国运动的重要部分。自治运动汹涌各省，主要在南方，其中湖南、浙江与湖北最为突出。

内容与意义

黄负生的文章正是在武汉政局发生变化的关键时刻发表的。这时，湖北督军王占元已经退出武汉的政局，直系军阀刚建立起统治。对于这个新变化，人们一时不知应该怎样对待。换句话说，人们还沉浸在胜利的喜悦中，因为湖北自治运动的目的——驱王已达到；至于第二步，即鄂人治鄂也大体上有了眉目，萧耀南虽是直系军阀，但他是湖北黄冈人。直系军阀吴佩孚在湖北人，尤其在青年学生中留下了很好的印象，这主要是因为五四运动中，他获得了“爱国将领”的美称。

黄负生的《军阀脚下底自治》思想深邃，站位较高，透过层层迷人的面纱。

首先，一针见血地揭示了自治运动的阶级实质。文章深刻指出，当前的自治运动脱不开地方军阀：“浙江自治是卢永祥主动的，湖南自治是赵恒惕允许的，广西［东］现在的自治是陈炯明提倡的，其余那位时髦军阀吴佩孚也畅谈自治。总而言之，这种自治是军阀脚下底自治，受军阀底施与，受军阀底卵翼的。试观各省军阀不赞成自治，那个还敢挂起自治招牌来!?”这就明确指明了所谓“自治运动”，实质是“军阀脚下底自治”。

其次，揭示了自治运动不是属于“民本主义”的。黄负生认为，湖北与其他省份的自治运动有所不同，就是组织起自治军，进行武装斗争，“这种主张真是可以说是懦夫立志，无论何人都是应该佩服的”。但是这种自治军不是独立的，而是受到湖南军阀赵恒惕的援助；吴佩孚表面上也是大谈自治，而且与赵恒惕信使不断来往，对自治军“也许有一二分暗助”；“而此番自治主动者又为夏斗寅、蒋作宾等。他们本身也是军阀。如果湖北果真达到自治目的，那就是三面军阀底施与了。将来湖北人民对于‘自治施与者’之军阀是不是取‘父慈子孝’之义，极端恭顺？此等军阀是不是自居不世之功，视人民为沐恩者，而这种自治是不是［属］于‘民本主义’，都是我们怀疑不定的”。这就进一步揭露了湖北自治运动的本质。

最后，黄负生在文章中列出了有关将来时局的两条消息。一条是京沪报纸称，湖北将被吴佩孚和赵恒惕所卵翼。萧耀南将督鄂，并以此扩张地盘；赵恒惕将从湖北获得军饷“用以酬功”。第二条消息是自治军中有许多研究系之阴谋家，他们企图攫夺一官半职。他气愤地质问：这是什么自治？这不是挂羊头卖狗肉？这不是依然是军阀和官僚的势力么？他号召人们彻底觉悟起来，一不做二不休，从根本上推翻冒牌自治的军阀和官僚，“如其不然，军阀脚下底自治是与王占元底专横武断独裁制没有二样”。

这篇文章虽然不长，却旗帜鲜明地揭露了自治运动的阶级本质和实质，其意义不能被低估。

首先，文章宣传了马克思主义的唯物史观。湖北自治运动发生时，正是中国共产党诞生的日子。随着这开天辟地伟大事件的发生，马克思主义在中国得到了广泛的传播。先进的中国人首先宣传了马克思主义的唯物史观。这是因为中国思想界长期受到伦理政治的影响，即使是最先进的知识分子，也受到“心性之功能说”的影响。他们找不到改造社会的真正力量，标举起“人心革命”的旗子，因而总是在改良主义的圈子里转。马克思主义的唯物史观第一揭示了人类社会运动的客观规律，其核心是阶级斗争，即用暴力推翻旧政权，建立无产阶级专政。黄负生的文章正是运用阶级斗争理论分析我国实际情况和省情的文章，提出了用暴力手段彻底地推翻军阀政治，从而给正在寻求救国救民道路的先进中国人指明了一条光明之道。

其次，文章指出了自治运动的阶级实质。湖北自治运动参加的人十分广泛和复杂，大体有三部分人参加。一部分是鄂籍旧官僚、失意政客以及依附于他们的知识分子、议员等；一部分是追随孙中山的资产阶级革命派；一部分是具有初步共产主义思想的知识分子，如董必武、施洋、刘子通、张国恩等。湖北由于没有本省籍军阀，所以它与邻省不同之处就在于湖北自治运动没有本省的实力派参加。由于这一特点，湖北自治运动的性质变得十分模糊。如董必武此时刚从上海参加中共一大回汉，便立即参加了这场运动。有资料显示，他十分热衷于制定省宪，在中国实行联邦制；而在湖南的毛泽东，也一度积极投身其中。这些主张说明，即使是最先进的知识分子，对这场运动的性质也是一时缺乏正确的认识。黄负生的文章则十分鲜明地指出这种自治实质是军阀政治，成了军阀统治人民的工具；唯一正确的方法就是识破军阀自治的欺骗性，打倒军阀政治，用黄负生的话说就是“对于冒牌自治底军阀和官僚根本推翻”。董必武等也是通过这场运动，最终觉悟到利用军阀打军阀是一场滑稽剧，从而完成了世界观的伟大转变；毛泽东则稍早一点觉悟。黄负生的文章正是先进中国人在寻求振兴中华之路中，将马克思主义与中国革命相结合的最初尝试之一。

（田子渝，湖北大学马克思主义学院教授、博士生导师，曾为武汉市文史研究馆馆员）

黄负生年表简编

一八九一年　一岁

8 月 27 日（清光绪十七年农历七月二十三日）诞生。祖籍安徽休宁。“其先世宦游湖北，寄住武昌甚久，遂以为家。”名凤清，字负生，以字行世。

父亲早逝，幼年失怙，全赖母亲做手工针线、纺织所得的微薄收入生活，并依靠亲友的接济上学读书。母亲乃安徽名门闺秀，受过良好的庭训，通晓文墨，深明大义，“承先人遗教，以勤俭治家，以读书课子”。

（包惠僧：《黄负生同志传略》，1955 年 3 月 2 日）

一九一一年　二十岁

辛亥革命前后，就读于武昌昙华林工业传习所（一说武昌甲种工业学校）。

与同班好友、共进会成员刘寅（号移荪）、刘公（字仲文）等经常聚会，密商反清起义之事，并参与秘密研制红白药（红磷、氯酸钾）活动。

10 月，武汉保卫战（史称“阳夏战争”）爆发，参加“学生新军”，为捍卫辛亥首义的革命成果而战。

一九一二年　二十一岁

常与友人谈极端社会主义及无为而治等思想。

一九一三年　二十二岁

偕同辛亥革命友人林修（一足）游庐山。

一九一四年　二十三岁

与相识相恋三年的王纯素结婚。王系汉阳舵落口（现武汉市东西湖区）人，其时在硚口靠糊火柴盒为生。

因在武昌私立中华大学等校任教，遂迁居武昌粮道街莺坊巷22号。

一九一五年　二十四岁

与恽代英等人在中华大学创办《道枢》杂志（油印），不久停刊。

一九一六年　二十五岁

3月　往陆城[①]。7日，在《光华学报》第1年第3期发表七律《夜雨寄陆城作》和《寄陆凌秋记室京洛道中》。前者表达了对慈母的思念之情，后者谴责了“逐鹿纷纷”的军阀战争，表达了渴望过和平安定生活的心声。

5月8日　汉口《民报》创刊，馆设汉口日租界北四路怀安里5号。前安徽大通都督黎宗岳主办，江友白、王元震经理。以“奖掖真正之民意”为主旨，鼓吹讨袁“救国”，并以“与专制恶魔宣战”自誓，“出版兼旬，即横遭摧折”。5月18日，主办人黎守岳被人炸死，报馆亦于当日遭查封（刘望龄编：《黑血·金鼓》，湖北教育出版社1991年版，第403—404页）。

6月6日　袁世凯在京病死。

8月20日　汉口《民报》复刊。王元震经理，刘苍水、张天视、杜若、黄负生等编撰（刘望龄编：《黑血·金鼓》，湖北教育出版社1991年版，第411页）。

8月31日　在汉口《民报》发表《朝野新谭》，嘲骂奸雄当道专制横行。

11月16日　在汉口《民报》发表《超度》一文，鼓吹超度“万恶世界”，杀尽世间罪恶者。持论激烈，“为当时汉上时论所罕见”。

11月20日　汉口《民报》刊发该报同人《挽克强松坡联词》五首。黄负生写的挽联是：“茫茫不尽虫沙劫，渺渺徒留猿鹤悲。”

---

① 陆城系今湖北省宜都市境内一古镇，其时为宜都县经济文化中心。

12 月 2 日　在汉口《民报》发表《大乱》一文，歌颂“大乱”、“杀人”是“救济中国之良药”，疾呼杀尽“不织而衣”、“不耕而食”之“大盗”。

12 月 3 日　在汉口《民报》发表《孔丘》一文，猛烈抨击孔子的君权思想是“酿成专制政体”的思想根源。

一九一七年　二十六岁

1 月 7 日　在《光华学报》第 2 年第 1 期发表《送一足之燕京》诗两首。

3 月 7 日　在《光华学报》第 2 年第 2 期发表社会教育小说《孤儿》。

5 月 7 日　在《光华学报》第 2 年第 3 期发表散文《如是斋随笔》、《和南唐后主词》七首、七绝《游君山作》两首和小说《孤儿》(续)。

5 月 29 日　长子宏济（黄钢）出生。

9 月 21 日　与恽代英商议创办贫民学校。“负生言，自立设一贫民学校，此事甚可办。但得一地方，月有十元之用费，即可放手办去矣。”（《恽代英全集》第 1 卷，人民出版社 2014 年版，第 532 页）

同月受聘担任中华大学中学部国文教师。

10 月 3 日　与恽代英讨论中学国文教法。

10 月 8 日　与恽代英、冼伯言、梁绍文议定创互助社，以自助助人为宗旨。“自助的戒约分八条：（一）不谈人过失。（二）不失信。（三）不恶待人。(四）不作无益事。(五）不浪费。(六）不轻狂。(七）不染恶嗜好。(八）不骄矜。”(《恽代英全集》第 1 卷，人民出版社 2014 年版，第 541 页)

10 月 18 日　拟从刘子通师学佛。

11 月 14 日　到中华大学就职月余，“薪俸终未照给，此诚足寒热心任事人心”(《恽代英全集》第 1 卷，人民出版社 2014 年版，第 565 页)。

12 月 30 日　受恽代英之劝，“亦且试作日记”(《恽代英全集》第 1 卷，人民出版社 2014 年版，第 594 页)。

一九一八年　二十七岁

4 月 6 日　母病故。

5 月 4 月　听恽代英谈组建仁社事，约定下星期前往参观。

5 月 9 日　与恽代英商谈建立儿童俱乐部。

5 月 15 日　与恽代英等互助社社员，“决印音乐歌谱，从国歌印起，每印或百张，以资分布同志诸友及热心唱歌者”（《恽代英全集》第 2 卷，人民出版社 2014 年版，第 246 页）。

5 月 20 日　应恽代英之约，“就浪桥谱作歌”（《恽代英全集》第 2 卷，人民出版社 2014 年版，第 252 页）。

11 月　在《妇女杂志》第 4 卷第 11 号发表《余意中之新家庭》，对理想新家庭的职业、教育、婚姻、服务、家用、理财、道德、起居、房屋、卫生、游戏等问题，阐发己见。

一九一九年　二十八岁

年初，应冼震（百言）之邀，与李书渠（伯刚）等到汉口致忠中学教国文。住家亦由武昌莺坊巷 22 号迁至汉口后花楼街永庆里致忠中学内，并在汉口华景街辅德中学兼课。

5 月　投身五四爱国运动。

6 月 11 日　为推动武汉罢市，制作印有《为什么罢市》传单的纸扇四把，挨店传阅。“扇为负生所备，鼓吹罢市，较汉口法又进一步。”（《恽代英全集》第 3 卷，人民出版社 2014 年版，第 248 页）

6 月 19 日　恽代英起草《学生联合会之建设的意见书》，征询黄负生等人修改意见。20 日，“负生回，略告以意见书内容”（《恽代英全集》第 3 卷，人民出版社 2014 年版，第 252 页）。

6 月 29 日　武汉学生联合会机关刊物《学生周刊》创刊。“请恽代英、黄负生参加写稿，社论常由恽代英撰写，时事评论则由黄负生执笔。”（《李伯刚自述》，《党史研究资料》第 4 辑，四川人民出版社 1983 年版）

10 月 22 日（农历八月二十九日）　女儿宏世（黄铁）出生。

一九二〇年　二十九岁

春　与施洋等创办《武汉星期评论》，“鼓吹改造社会，普及教育，并批评湖北政治、教育、社会各种问题”（《林育南文集》，人民出版社 2014 年版，第 114 页）。

9 月 1 日　在《新青年》第 8 卷第 1 号发表社会调查报告《汉口苦力状况》，署名刘（即刘子通）云（即陈潭秋，名澄，号云先）生（即黄负生）。

11 月　参加武汉马克思主义学说研究会。

一九二一年　三十岁

春　应聘到武汉中学、中华大学、湖北女子师范学校任国文教员，选用《新青年》杂志的时评作教材，向学生宣传各种社会主义思潮和劳动及妇女解放思想。

经陈潭秋介绍，加入中共武汉早期党组织。

8 月　中共武汉地方委员会成立，这是湖北武汉地区第一个正式建立的地方党的组织。11 月武汉地委改组为中共武汉区执行委员会，与包惠僧、陈潭秋组成委员会，任宣传委员（包、陈分任书记和组织委员）。

奉组织之命，以个人的名义租用武昌黄土坡 26 号两层楼房一栋（原为一报社社址），以住家和办报纸为掩护。中共武汉区委机关就设在这里。武汉星期评论编辑部、中国劳动组合书记部武汉分部、武汉社会主义青年团、马克思学说研究会、妇女读书会等公开或半公开团体亦在此办公或开展活动。妻子王纯素以家庭主妇名义主持机关事务。

8 月 10 日　在《武汉星期评论》第 23 号发表时评《军阀脚下底自治》，被同月 16 日出版的《汉口新闻报》转载。

8 月 27—28 日　在北京《晨报副刊》发表小说《夕阳会》。

9 月 22 日　在上海《民国日报》副刊《觉悟》发表新诗《湘鄂战争》，痛斥军阀混战。

9 月 23 日　在上海《民国日报》副刊《觉悟》发表新诗《奴婢》，血泪控诉封建礼教。

10 月 19 日　创作新诗《婚姻制度底下的普遍哭声——悼何南山》，揭露批判封建包办婚姻的罪恶，发表在 10 月出版的上海《平民报》第 4 期上。

11 月 4 日　创作小说《盆花》，发表在同月 7 日出版的上海《民国日报》副刊《觉悟》上。

11 月 16 日　创作新诗《木芙蓉》，发表在同月 28 日出版的上海《民国日报》副刊《觉悟》上。

12 月 4 日　与陈潭秋、包惠僧、郑凯卿、李书渠、刘昌群、董贤珏等重建武昌社会主义青年团，任秘书。

12 月 13 日　代表《武汉星期评论》社复读者 K. S. C 君信。勉励青年要“以不屈不挠的精神，为再接再厉而奋斗！宁可为真理的牺牲者，不可为强力的征服者”。

12 月　在上海《小说月报》第 12 卷第 12 号发表小说《和平的死》。

12 月　受经济压迫，积劳成疾，“咯血症”（肺结核晚期）日趋严重。

年底与陈潭秋、刘子通等组织妇女读书会，辅导湖北女师进步青年学习马克思主义，宣传妇女解放和教育改革。

一九二二年　三十一岁

1 月 14 日　病情加剧，卧床不起。写致朋友和致刘子通遗书两封。

1 月 15 日　立下遗嘱九项。

2 月　毛泽东到武汉，住在武昌黄土坡 26 号中共武汉区委机关内，多次到病榻前慰问黄负生。“毛泽东当时就对人说过：‘湖南有个蔡和森，湖北有个黄负生。’”（常春：《湖北有个黄负生——介绍一位武汉最早的共产党人》，《长江日报》，1981 年 9 月 6 日）

4 月 7 日　凌晨 3 时，终因病情严重，医治无效，病逝于武昌花园山仁济医院，终年 31 岁。

4 月上旬　武汉社会主义青年团举行黄负生追悼会。遵其遗嘱，中共武汉早期党组织将其遗体安葬于武昌洪山狮子山街头其母墓旁。

5 月 15 日　上海《民国日报》副刊《觉悟》辟“血泪”专栏，刊载其两封遗书和遗嘱。

后　　记

本成果是笔者主持的国家社科基金重大招标项目“中国共产党早期领导人遗著的收集、整理与研究”的阶段性成果之一，列入“湖北英烈文存”，由华中师范大学出版社出版。

特别要说明的是，本成果是在前人研究的基础上推进的。最早关注并收集黄负生遗著的，是中共中央党校图书馆副馆长雍桂良先生。他在“文革”前就被署名“负生”的诗文和遗书所感动，但不知道“负生”是何许人也。“文革”结束后，当他知道“负生”即黄负生，是中国共产党创建时期的党员后，便重新开始收集黄负生的遗著，并将收集到的遗著全部送给了黄负生先烈的儿子黄钢。

2003年，黄钢、黄铁兄妹编辑了《黄负生纪念文集》，由武汉出版社出版。雍桂良先生收集的诗文皆收录其中。本书吸收了该书诗文中的相关成果。

雍桂良先生开启收集、整理与研究黄负生遗著的先河，功不可没。但毋庸讳言，囿于历史条件的限制，当时没有复印机、电脑等设备，他收集到的遗著，只能是“抄件”，这就难免出现一些错漏。

笔者在完成“中国共产党早期领导人遗著的收集、整理与研究”的过程中，有幸将目前仅存的《光华学报》第1年第1至3期和第2年第1至3期共6期全部收齐，对照《黄负生纪念文集》比较，果然发现了该书存在的一些问题：

一是将不属于黄负生的遗著误收书中。例如，在诗的部分，收录的第一首七绝《江南春》：“红破樱桃绿柳条，黄昏歌管月明萧。江南春思多如许，为问胭脂劫可销。”作者署名“前人”。黄负生在《光华学报》上发表的诗文，署名皆用“负生”，显然，“前人”不是黄负生。该诗发表在《光华学报》第2年第1期上。

二是存在些许遗漏。如《光华学报》第1年第2期有署名“负生”的两首七绝未能收录，其一是《游陆城舟中作》：“青衫落落又西征，如此行踪削梗轻。但使龙泉孤剑在，客囊吾尚不嫌贫。”其二是《入荆河》：“山月江涛夜戒寒，荆河千里一凭栏。英雄事业东流尽，如此河山不可看。”

三是诗的名称和发表期次及时间也存在一些错误。例如七律《夜雨》标题应为《夜雨寄陆城作》，发表在《光华学报》第1年第3期上，刊物发行时间为1916年3月7日，不是1916年秋。七律《寄陆凌秋记室京洛道中》是发表在《光华学报》第1年第3期上，不是1916年第3期。又如五言《送林一足之燕京(二首)》发表在《光华学报》第2年第1期上，时间是1917年1月7日，不是《光华学报》1916年第1期，时间也不是1916年冬。《游君山作》发表在《光华学报》第2年第3期上，时间是1917年国耻纪念日，即5月7日，不是《光华学报》1916年第3期，也不是作于1916年春。

在词的部分，词名《和南唐后主词》写成了《和南唐二主词》(共七首)，是发表在《光华学报》第2年第3期上，不是1917年6月1日。

在小说部分，社会教育小说《孤儿》。第一部分《无可奈何之斜阳》发表在《光华学报》第2年第2期上，时间是1917年3月7日；第二部分《朔风凛冽之一夕》是续篇，发表在《光华学报》第2年第3期上，时间为1917年国耻纪念日。随笔《如是斋随笔》亦发表在《光华学报》第2年第3期上，不是1916年。

除此之外，笔者还在1916年的汉口《民报》上发现了《黄负生纪念文集》中未收录，但署名黄负生(负生)的时评《朝野新谭》、《超度》、《大乱》、《孔丘》等文。

笔者在编辑《湖北英烈文存·黄负生卷》时，对黄负生遗著一一对照原著，作了认真的校勘，删掉了不实之作，增补了遗漏的遗著，并对发表期刊及时间，都作了订正，尽量还原了黄负生遗著的本来历史面貌。这就体现了《湖北英烈文存·黄负生卷》的真实性，更加彰显了它的历史价值和现实意义。

中共湖北省委党史研究室何光耀主任审阅了本书稿，并鼓励笔者继续为研究红色文化作贡献。华中师范大学出版社原社长周辉挥，现社长、总编辑付义朝和学术出版中心冯会平主任都热情支持出版该书，责任编辑张建英精心编辑本书，也付出了辛勤劳动。在此一并致以衷心感谢！

李良明

2023年8月10日